Das verfemte Dokument

Zum 10. Jahrestag des SPD/SED-Papiers "Der Streit der Ideologien und die gemeinsame Sicherheit"

Materialien einer Diskussionsveranstaltung der Friedrich-Ebert-Stiftung, Berliner Büro, am 1. Februar 1997 in Berlin

Herausgegeben von der Friedrich-Ebert-Stiftung, Büro Berlin

Redaktionelle Bearbeitung: Axel Schmidt-Gödelitz

Knesebeckstr. 99
10623 Berlin
Titelfoto: Joachim Liebe
Fotos: Joachim Liebe
Umschlag: Pellens Kommunikationsdesign, Bonn
Druck: DBC Druckhaus Berlin-Centrum

ISBN 3–86077–642–8

Inhaltsverzeichnis

Vorbemerkung

Als wir den nun schon traditionellen historischen Rückblick zum Jahresbeginn auswählten, mußten wir beim Thema SPD/SED-Streitpapier doch gegen eine gewisse Skepsis ankämpfen. Ist die Sache nicht doch schon abgeschlossen? Die DDR existiert nicht mehr, die SED ebensowenig, und das Thema ist vielleicht zu speziell, eher geeignet für ein historisches Oberseminar als für eine öffentliche Podiumsdiskussion. Wir haben uns schließlich für das SPD/SED-Streitpapier entschieden, weil wir vermuteten, daß es vor allem in Berlin – aber auch in den ostdeutschen Bundesländern – ein fundamentales Interesse am Rückblick in die jüngste Vergangenheit gibt. In München, Düsseldorf oder Hamburg hätten wir diese Diskussion nicht gewagt. Darüber hinaus war das Podium so zusammengesetzt, daß weniger medienwirksamer Streit als vielmehr historische Genauigkeit im Vordergrund stand. Und schließlich hatte jeder Gast das Recht, öffentlich mitzureden, soweit eben die Zeit reichte. Am Ende waren wir doch überrascht über diesen großen Zuspruch und über die offene, anregende, fast vierstündige Debatte.

Aus unserer Sicht wäre es wichtig, uns von der allzu großen Fixierung auf die Stasi-Diskussion zu lösen und den Blick auf andere, ebenfalls relevante Politikfelder zu weiten. Wir sollten den großen historischen Wurf, nämlich die von der SPD initiierte Ost- und Deutschlandpolitik, wieder ins Bewußtsein der Öffentlichkeit bringen. Es ist geradezu erschreckend, wie wenig von der Gesamtkonzeption noch präsent ist, wie wenig die Zielsetzung – Friedenssicherung, Verbesserung der Menschenrechte, deutsch-deutsche Kommunikation, die Stabilisierung Westberlins und schließlich die Bewahrung der Einheit der Nation überhaupt noch zur Kenntnis genommen wird. Wer nur einzelne Stücke herausschneidet, um das Ganze auf eine unsittliche Kumpanei zwischen demokratisch gewählten Politikern und diktatorischen Unterdrückern reduzieren zu können, der verfälscht Geschichte. Er trägt bei zu einer Vertiefung der inneren Spaltung dieses Landes.

Es wird sicher noch lange dauern, bis wir ein einigermaßen objektives Bild von der Wirklichkeit der DDR erhalten. Zu viele Verletzungen, zu viel Bitterkeit und – zuviel politisches Kalkül sind heute noch im Spiel. Das Bemühen um größere Ausgewogenheit im Urteil wird dann allzu schnell als Ostnostalgie abgetan.

In seinem jüngst erschienenen Buch über die Nachkriegsgeschichte beider deutscher Staaten schrieb der Publizist Peter Bender: Die Hälfte der heutigen deutsch-deutschen Gegensätze resultiere aus Interessengegensätzen, die andere Hälfte aus schierer Unkenntnis. – Dem wäre hinzuzufügen, daß diese Unkenntnis noch über eine üble Zwillingsschwester verfügt, nämlich das absolute Desinteresse der meisten Westdeutschen an Geschichte und Gegenwart der Ostdeutschen. Wer als Journalist differenzierende Analysen und Berichte in westdeutschen Medien unterbringen will, wird dies bestätigen können. Aber auch die Ostdeutschen igeln sich zunehmend ein in ihre Vorurteile gegenüber den Westdeutschen. Die Gräben werden tiefer, das ist kaum zu übersehen. Abgesehen von den großen Tröstungen, die eine Verbesserung der wirtschaftlichen Lage und damit der sozialpolitischen Möglichkeiten bringen könnte, die aber nicht in Sicht sind, kenne ich gegenwärtig nur eine Möglichkeit der deutsch-deutschen Annäherung: das offene Gespräch miteinander. Gesprächsrunden, die in kleinen Gruppen aus Ost und West sich gegenseitig ihre Biographien erzählen, wo man einander genau zuhört und Entscheidungen und Urteile, die aus einem konkreten persönlichen oder gesellschaftlichen Kontext heraus getroffen wurden, zur Kenntnis nimmt und so stehenläßt. Da sind plötzlich Verständnis und Nähe spürbar. Und – ich kenne keinen lebendigeren und authentischeren deutsch-deutschen Geschichtsunterricht als diese von Peter von Oertzen und Wolfgang Thierse vor Jahren einmal angeregten Gesprächsrunden. Hätten wir als Friedrich-Ebert-Stiftung die finanziellen Möglichkeiten, wir würden jährlich statt drei dreihundert solcher Veranstaltungen anbieten.

Das SPD/SED-Streitpapier ist allein aus der damaligen Zeit heraus zu begreifen. Nur so ist es, wie vieles andere auch, richtig einzuordnen und im Sinne einer politischen Streitkultur gerecht zu beurteilen. Die hier publizierten Materialien der Diskussionsveranstaltung zum 10. Jahrestag des SPD/SED-Papiers „Der Streit der Ideologien und die gemeinsame Sicherheit" vermögen dazu vielfältige Anregungen zu vermitteln. Bei allen Unterschieden im Detail war das so plural zusammengesetzte Podium und Publikum in einem einer Meinung: dieses Streitpapier ist kein „verfemtes", sondern ein historisch bedeutsames Dokument. Das Dialog- und Streitpapier von 1987 war nicht als Dokument zur Destabilisierung und Überwindung der DDR konzipiert, sondern an ihrer Öffnung, ihrer Reformierung und Demokratisierung orientiert. Als Einstieg in eine demokratische Umgestaltung kam es zwar nicht mehr zum Tragen, aber seine Wirkungen in der DDR und auf die weitere Entwicklung der DDR waren dennoch gravierend. Die bisherige Doppelstrategie der SED – gewisse Flexibilität nach außen, Dialogverweigerung nach innen – scheiterte in der Folgezeit zusehends. Das Papier hatte ein einmaliges Signal zum inneren Dialog gesetzt, der – in Gang gekommen – nicht mehr ohne weiteres zu stoppen war. Da halfen dann selbst die krampfhaften Versuche der SED-Hardliner wenig, die Bedeutung des Dialog- und Streitpapiers herunterzuspielen und umzuinterpretieren. Die Auseinandersetzungen um dieses Papier wirkten dann auch als ein Katalysator des demokratischen Umbruchs und hatten nachweislich entscheidenden Einfluß darauf, daß dieser friedlich verlief.

Die hier abgedruckten Beiträge, Statements, Fragen und Antworten sind im Vergleich zur Podiumsdiskussion nur sprachlich leicht überarbeitet. Die Authentizität und die atmosphärische Dichte der Debatte wurde so gewahrt.

Neben dem Streitpapier aus dem Jahre 1987 dokumentieren wir noch zwei Artikel aus der Feder von Journalisten, die diese Dialogdebatten einst selbst als Augenzeugen beobachteten und anläßlich der fünften Wiederkehr der Veröffentlichung dieses Dokuments 1992 eine bilanzierende Rückschau wagten. Der interessierte Leser findet mit diesem Vergleich der Jahre 1987, 1992 und 1997 vielleicht zusätzliche Informationen, um sich sein eigenes Urteil über diese wesentliche Seite sozialdemokratischer Ost- und Deutschlandpolitik bilden zu können.

Axel Schmidt-Gödelitz
Leiter des Berliner Büros
der Friedrich-Ebert-Stiftung

Diskussionsveranstaltung

1. Einführung in die Diskussion

Peter Merseburger: Ja, meine Damen und Herren, ehe ich mit dem sachlichen Rückblick beginne, der ja der Diskussion dienen soll, und ehe ich die Diskussionsteilnehmer vorstelle, will ich versuchen, die wichtigsten Fragen aufzulisten, die hier behandelt werden müssen. Es sind darunter natürlich auch einige kritische. Das Papier wurde von den einen in den Himmel gehoben, als eine Art Gipfelpolitik der Vernunft, der Entspannung gewissermaßen, von den andern verteufelt als Anbiederung der SPD, als Zeichen einer Äquidistanz zu den Werten und Systemen, der die Sozialdemokraten zunehmend verfallen sei. Thomas Meyer nannte es einmal ein Dokument der Hoffnung, nicht eine Garantie des Gelingens. Sicher: Es enthielt viel Hoffnung, aber gelungen – so würde ich sagen – ist es nicht. Die Sozialdemokraten billigten in diesem Streitpapier dem SED-Gesellschaftssystem ausdrücklich Reformfähigkeit zu – in einer Zeit, in der bereits deutlich wurde, daß die DDR den Reformen Gorbatschows nicht folgen würde. Gestatten Sie eine kleine persönliche Erinnerung dazu: Ich habe fünf Jahre aus der DDR berichtet, und mein letzter Bericht stammt von Pfingsten 1987. Das war justament das Jahr, in dem dieses Papier veröffentlicht wurde, wenn auch einige Monate später. Es gab damals ein großes Rockkonzert vor dem Reichstag in Westberlin, da drangen Tonfetzen über die Mauer, und es kamen Tausende von Jugendlichen aus Ostberlin und der Umgebung. Sie strömten Unter die Linden, um etwas von dem Konzert zu hören. Sie standen da, hörten zu. Sie waren nicht unfriedlich. Sie wollten einfach hören, was da herüberschallte. Und wurden dann doch brutal zusammengeprügelt von der Volkspolizei. Damals erklangen nachts vor der Botschaft Unter den Linden von den von der Volkspolizei Verfolgten die Rufe: „Gorbatschow! Gorbatschow! Gorbatschow!" Man kann sagen, das waren hoffnungslose Rufe, das waren hilflose Rufe, es waren aber auch die Volkspolizei provozierende Rufe. Die das riefen, wurden erst recht zusammengeknüppelt. Und es waren natürlich Rufe nach einem Hoffnungsträger, der in der UdSSR angefangen hatte, Reformen zu verwirklichen, schrittweise wenigstens, die in der DDR längst überfällig waren und welche die DDR-Führung nicht durchführen wollte. Ich berichtete darüber, doch im „Neuen Deutschland" wurde das ganze dann als ein Hirngespinst abgetan nach dem Motto, daß nicht sein kann, was nicht sein darf.

So schied ich natürlich mit einigen Zweifeln an der Reformfähigkeit, vor allen Dingen an der Reformwilligkeit der DDR-Führung aus der DDR und las dann später etwas überrascht, daß die SPD ausgerechnet diesem System, dem unübersehbar langsamsten Schiff im Perestroika-Geleitzug Osteuropas, Reformfähigkeit bescheinigte. Aber das gehört – ich gebe das zu – ans Ende der Diskussion und nicht an den Anfang.

An den Anfang müssen wir stellen: Was war eigentlich der genaue Inhalt dessen, was vereinbart worden ist? Es war ja kein gemeinsames offizielles Dokument der beiden Parteien, die einander seit 70 Jahren verfeindet gegenüberstanden, sondern es war ein Thesenpapier zweier ihrer Kommissionen. Auf der einen Seite der Grundwertekommission, von Erhard Eppler angeführt,

auf der anderen Seite der Akademie der Gesellschaftswissenschaften, die man als die ideologische Gralshüterin des Marxismus-Leninismus der SED bezeichnen könnte. Beide Systeme, hieß es darin, hielten sich für reform- und friedensfähig, aber man muß fragen, ob dieses Papier nicht auch ein Januskopf war. Offene Kritik war ja einerseits erbeten, auf der anderen Seite wurden Einmischungen in innere Angellegenheiten untersagt. Genau daran entzündete sich dann später auch die Diskussion.

Zweitens wäre zu untersuchen: Welches waren die Motive der beiden Seiten? Wie sah die Lage damals in Europa aus, in der das Streitpapier entstand? Das Stichwort hierzu wäre: Wie drohend war eigentlich die Gefahr eines Nuklearkrieges oder eines nuklearen Schlagabtausches? Welche Rolle spielte der Versuch der Schadensbegrenzung – ein Versuch, von dem in der Zeit der Stationierungsdebatte Erich Honecker ebenso sprach wie Helmut Kohl?

Drittens: Wie war die Binnenwirkung in Ost und West? Was vor allem bewirkte das Papier in der DDR? Schließlich wurde es, kaum veröffentlicht, vom Chefideologen Kurt Hager durch Kanzelverkündigung im „Neuen Deutschland" zurechtgerückt, korrigiert, auf den richtigen Glauben gebracht und für den Hausgebrauch entschärft. Was war es dann eigentlich noch wert? – müßten wir fragen.

Und viertens, nicht zu vergessen: Was hat es bei den Sozialdemokraten bewirkt? Hat es nicht vielleicht doch ihre große deutschlandpolitische Fehlentscheidung vom Herbst 1989 mit verursacht? Hat die SPD nicht viel zu lange auf eine reformfähige DDR und viel zu lange, wenn nicht ewig, dann doch weiterhin sehr lange bestehenden zweiten deutschen Staat gesetzt und die SED als ihren Partner? Und hat dies nicht damit dazu geführt, daß Sozialdemokraten Gespräche mit den Dissidenten eben mit Rücksicht auf die SED und die vermeintliche Stabilität der SED zu lange gescheut haben? Ja, daß sie selbst den Kontakt mit der in Schwante neugegründeten SDP zurückstellten, obschon dies doch eigentlich der natürlichere Partner der SPD gewesen wäre?

Das sind – glaube ich – die vier Punkte, über die wir sprechen müssen. Und nun zu den vielen Sachkundigen auf dem Podium, die ich Ihnen vorstellen möchte. Natürlich Erhard Eppler, den Vorsitzenden der Grundwertekommission und Verhandlungspartner Otto Reinholds; Rolf Reißig – heute Leiter des Brandenburg-Berliner Instituts für Sozialwissenschaftliche Studien (BISS e.V.), damals in der Akademie für Gesellschaftswissenschaften einer der Hauptautoren des umstrittenen Papiers; Gert Weisskirchen, SPD-Bundestagsabgeordneter, Mitglied der Enquête-Kommission zur Aufarbeitung der Geschichte der SED-Diktatur. Im Herbst 1989 forderte er, die Devise „Wandel durch Annäherung", durch die Devise „Wandel durch Auflehnung" zu ersetzen; Steffen Reiche, Wissenschafts- und Kultusminister in Brandenburg, Tischler, Theologe und Gründungsmitglied der SDP in Schwante; und natürlich Lothar Bisky, heute Vorsitzender der PDS, damals Professor an der Filmhochschule in Babelsberg; Manfred Uschner, Geschäftsführer des Bernstein-Kautsky-Kreises, damals Referent und enger Mitarbeiter des Politbüromitglieds Hermann Axens; und last but not least Rolf Schneider, Schriftsteller, der im Zuge der Biermann-Affäre aus dem DDR-Schriftstellerverband ausgeschlossen wurde und in beiden Teilen Deutschlands veröffentlichte.

2. Hintergründe und Motive des SPD-SED-Dialogs

An Rolf Schneider geht meine erste Frage: Sie haben das Ideologiepapier im „Spiegel" einmal als eine Art Magna Charta einer möglichen DDR-Perestroika bezeichnet. Welche Hoffnung hatten Sie und hatten Ihre Freunde in der DDR damals an das Papier geknüpft?

Rolf Schneider: Ich gehe von der Situation aus, die Peter Merseburger im Sommer des Jahres 1987 antraf. Die er soeben geschildert hat und die ich akzeptiere. Die DDR war ein verkarsteter, immobiler Staat; unmittelbar nebenan gab es Michail Gorbatschow, gegen den sie sich abzuschot-

ten versuchte, obwohl die Sowjetunion eigentlich die Führungsmacht war. Gorbatschow versuchte, mit seinem Reformprogramm den Poststalinismus aufzubrechen und den Postkommunismus überlebensfähig zu machen. Die DDR hat für sich fast alles getan, diese Bestrebungen abzuweisen. Die Schlüsselworte Gorbatschows hießen Perestroika und Glasnost, also innere Reform und Offenheit-, publizistische Offenheit vor allem. Das Streitpapier von SPD und SED hat auf mich – und nicht nur auf mich – fast wie eine Erlösung gewirkt, es war ja keine Konterbande, die unter der Hand umlief, es war sakrosankt, gedruckt im „Neuen Deutschland". Da hier meine „Spiegel"-Veröffentlichung erwähnt wurde, darf ich mir erlauben, ein paar Sätze daraus zu zitieren; sie machen nicht nur meine Stimmung deutlich: „Günter Gaus, ein ebenso passionierter wie kenntnisreicher Beobachter der DDR, pflegt neuerdings zu äußern, was Glasnost betreffe, gebe es im anderen Deutschland die omnipräsenten Westmedien. Was aber Perestroika anlange, so möge die UdSSR erst einmal etwas wie den Berliner Evangelischen Kirchentag dieses Jahres mitsamt seinen freimütigen Selbstdarstellungen vorweisen,

Nachholbedarf bestehe da eher auf sowjetischer Seite. Wieso die DDR-Publizistik ihren versammelten Ehrgeiz daran setzt, eine der ödesten der Welt zu sein, womit das Erbe des großen Willi Münzenberg täglich neu verplempert wird, ich habe es nie begriffen. Gleichwohl kann ich mich nicht erinnern, jemals in dem seit 30 Jahren von mir abonnierten Tagblatt „Neues Deutschland" so lange, so inständig gelesen zu haben, wie die letzten Monate und Wochen. Das wird nicht bloß bedingt durch die veröffentlichten Gorbatschow-Reden. Es war für mich mindestens so aufregend der kommentarlose Abdruck jener Tischrede Helmut Kohls beim Honecker-Besuch, die Tischreden der Politiker von Weizsäcker, Rau, Vogel und Strauß in ihren für orthodoxe DDR-Gemüter unerhörten Mitteilungen, nicht zu vergessen. Hier, lieber verehrter Freund Günter Gaus, und erst hier fängt Glasnost eigentlich an. Aber auch dies wird für mein Empfinden noch in den Schatten gestellt durch den Abdruck jener Vereinbarung zwischen SPD und SED, die, Zufall oder nicht, der Besuch Erich Honeckers in Bonn präludierte. Es wird darin nämlich nichts anderes propagiert und auch vorgeführt als die ideologische Koexistenz der Definition des Georg Lukács von 1956, der dafür in der DDR eine fast zwei Jahrzehnte währende Ächtung erfuhr. Die konservative Publizistik der Westdeutschen in ihrer beklagenswerten Beschränktheit meint, hier hätten vor allem die Sozialdemokraten aus ihrer Substanz draufgezahlt. Das Urteil ist Unsinn. Die Konzessionen der deutschen Kommunisten sind ungleich größer. Richtig besehen und richtig bedacht ist dieses Dokument nichts anderes als die Magna Charta einer möglichen Perestroika für die DDR. Denn die in dem Papier ausdrücklich eingeräumte Reformfähigkeit der DDR impliziert, wie Erhard Eppler richtig schloß, und er tat dies live im DDR-Fernsehen, eine entsprechende Reformbedürftigkeit. Perestroika in der DDR? Aber ja! [Applaus]

Peter Merseburger: Das war im Grunde der Erwartungshorizont, den viele in der DDR damit verbunden haben, als sie das Papier im „Neuen Deutschland" lasen. Was hat die SED und was hat die SPD bewogen, dieses Papier auszuarbeiten?

Rolf Reißig: Dieses Papier war Folge eines Dialogs zwischen der Grundwertekommission der SPD und Sozial- und Gesellschaftswissenschaftlern der DDR, der 1983 begann und zu dem ich 1985 stieß. Dieser Dialog ging auf einen Hinweis von Willy Brandt aus dem Jahre 1982 zurück, der meinte: Wenn die Entspannungspolitik fortgeführt werden soll – und es war damals nicht klar, ob Helmut Kohl (es gab ja die konservative Wende 1982) diese Entspannungspolitik fortsetzen würde, was dann allerdings geschah – und wenn sie eine neue Phase erreichen sollte, dann sind auch bestimmte Parteibeziehungen, Parteikontakte zwischen SPD und SED anzustreben. Das wurde dann über Günter Gaus vermittelt und in der DDR die Akademie für Gesellschaftswissenschaften der SED, namentlich Otto Reinhold, beauftragt, dies in die Wege zu leiten. Es ging mit diesem einsetzenden Dialog in der Tat darum, eine neue Phase der Entspannung einzuleiten, ihr einen politischen Inhalt zu verleihen, indem zum ersten Mal die Gesellschaften, die Bürger, die Individuen in diesen Dialog einbezogen werden sollten. Bislang ging es in der Entspannungspolitik – völlig zu Recht – um staatliche Normalisierung, um Abrüstungsfragen. Aber beiden Dialogpartnern ging es nun um mehr. Diese Tragweite wurde damals von vielen nicht gesehen und wird heute noch von Kritikern dieses Dialogs unterschätzt. Für diese Einbeziehung der Gesellschaften, der Bürger in den Entspannungsprozeß waren Parteibeziehungen erforderlich. Die SED – wie immer man zu ihr stand – war als regierende Staatspartei ein Machtfaktor; bestimmte in diesem Land (noch) weitgehend das Geschehen. Und die SPD war eine einflußreiche und anerkannte politische Kraft der Bundesrepublik, des Westens. Natürlich ging das Papier zunächst davon aus, eine neue, d.h. gemeinsame Sicherheit zwischen Ost und West zu etablieren. Dafür gab es erste Voraussetzungen im Osten und im Westen – zunächst noch vor der Zeit Gorbatschows. Seit Anfang der 80er Jahre vollzog sich zugleich in West und Ost eine parallele Suche nach Wegen zum Abbau der militärischen Konfrontation und des Übergangs zur politischen Entspannung. Dies führte in West und Ost allmählich zu neuen Überlegungen. „Sicherheitspartnerschaft" hieß der neue strategische Ansatz im Westen (Palme-Kommission 1982, SPD), „Koalition der Vernunft" (SED 1983) und „Primat der Menschheitsinteressen" (Gorbatschow 1985) im Osten.

Das Szenario eines unmittelbar bevorstehenden Zusammenbruchs des Realsozialismus und einer „Freigabe" der DDR durch Moskau war zu jener Zeit nirgendwo Grundlage theoretischen Denkens und politischen Handelns. Das galt selbst für die schärfsten Kritiker des Sozialismus sowjetischen Typs. Und in der DDR war noch nicht entschieden, wohin sich alles im einzelnen entwickelt. Die realsozialistischen Strukturen waren so nicht reformfähig, aber die Politik, wohin die sich entwickelt, war zumindest 1984 und 1985 noch nicht eindeutig entschieden. Man konnte und mußte diesen Ansatz m. E. wagen, auch wenn dieser Dialog ein Experiment blieb.

Im Papier wurden zwei zentrale Ideen verknüpft:

Wir brauchen – so die eine Überlegung – einen Wettbewerb der Systeme, der nicht mehr um globale Hegemonie, um militärische Überlegenheit geführt wird, sondern in dem es um die inneren Potentiale der beiden Gesellschaftssysteme gehen sollte. Wo die Illusion lag, wurde freilich dann klar. Aber es war ein anderes Herangehen als bislang üblich. Und die inneren „Qualitäten" wurden in eine Richtung definiert, die auch reformerische Kräfte in der SED interessierte: sozialer Fortschritt, Demokratie, Menschenrechte, individuelle Emanzipation. Darum sollte der Wettbewerb geführt, daran gemessen werden. Da war für die westdeutschen Teilnehmer offensichtlich, daß „ihre" Gesellschaften hier über ganz andere Vorzüge, Potenzen, Überlegenheit verfügen als die östlichen.

Das zweite Gravierende, Neue war die Einbeziehung der „Ideologien" und zwar als Wahrnehmungsproblem und als spezifisches Demokratie-, Menschenrechts-, Humanitäts- und als Fortschrittsproblem. Darüber wurde debattiert. Die entgegengesetzten Feindbilder wurden nicht mehr als Folge der Konfrontation betrachtet, sondern als Ursache der Konfrontation. Eine stereotype Feindbildwahrnehmung und -produktion stimulierte die Konfrontation, die militärische Hochrüstung. Wir müssen, so Erhard Eppler, gerade dort ansetzen: Entfeindung in den Beziehungen durch Entmilitarisierung des Denkens. Notwendig ist eine neue Kultur des Streits und des Dialogs, die nichts vertuscht und die Gegensätze offenlegt. Genau dies wurde in anderen deutsch-deutschen Kommissionen und Beratungen außen vor gelassen, weil man meinte, es belaste und verhindere die Entspannung, die Geschäfte (Schalk-Schäuble). Hier nun ging es auch und gerade auch um die Ideologien, deshalb wurden neue Regeln des ideologischen Streits ausgearbeitet, die für die SED, wie sich zeigte, riskant und halsbrecherisch waren. Das alles war tatsächlich ein neuer, anderer Ansatz...

Peter Merseburger: Da Sie dies gerade so schön ausgeführt haben: Was war für die SED eigentlich so halsbrecherisch?

Rolf Reißig: Für die SED war halsbrecherisch, daß sie z.B. die Forderung nach umfassender Informiertheit der Bürger als Voraussetzung für den System-Wettbewerb unterschrieb. Das war ja eine der Schwachstellen des Systems. Jeden in der DDR bewegte das Informationsproblem brennend. Oder: Einbeziehung aller Gruppen, Parteien, Organisationen, Institutionen, aller Personen in diesen Dialog und Besuch sowie Gegenbesuch der Menschen zwischen Ost und West! Es geht weiter. Im Wettbewerb der Systeme sollte offen Bilanz gezogen werden. Also nicht die Bilanzen des Mittags und des Honeckers, sondern Bilanzen im Kontext der alltäglichen Erfahrungen der Bürger; Schiedsrichter sollten die Menschen sein, die darüber urteilen, was gelingt, was nicht gelingt, was übernommen und was verworfen werden sollte. Das war natürlich gegen jene Politik gerichtet, die in der SED, in der DDR verfochten wurde. Und es war eine Revision fundamentaler Grundannahmen der marxistisch-leninistischen Parteiideologie: Akzeptanz der Friedens- und Reformfähigkeit des „anderen Systems", also des – im offiziellen Propagandabild dargestellten – „aggressiven und absterbenden Imperialismus". Offenheit des Wettbewerbs der Systeme und der Geschichte – anstelle der These vom unvermeidlichen und „gesetzmäßigen" Sieg des Realsozialismus' im Weltmaßstab... Die Grundlage der Einparteienherrschaft und des Machtmonopols – das Wahrheitsmonopol – war damit zumindest in Frage gestellt. Macht wurde im Prinzip an Zustimmung in der Bevölkerung gebunden. Der Feindbildproduktion in Ost und West wurde eine klare Absage erteilt. Auch im Westen wurden Reformen ernsthaft angemahnt.
War das auch für die Sozialdemokratie, für den Westen insgesamt ein Novum, für die SED war es geradezu revolutionär, was in diesem Papier stand. Dabei läßt das gemeinsame Papier keinen Zweifel, daß hier Absichtserklärungen formuliert wurden. Erst praktisches Handeln konnte zu einer neuen Realität führen; im Osten besonders, aber auch im Westen.

Der Dialog aber war von beiden Seiten ehrlich gemeint und nicht als raffinierte Taktik angelegt, um den anderen über den Tisch zu ziehen. „Wandel durch Wettbewerb – „Dialog als Stabilisierungs- und Öffnungspolitik". Was heute zurecht als Illusion thematisiert wird, war damals gemeinsame Annahme – die Möglichkeit einer Reformierung der DDR. Auch die DDR-Bürgerrechtsbewegung ging von dieser Maxime aus. Richtig ist, und das ist durchaus selbstkritisch gemeint, daß wir die Reformfähigkeit der DDR, des Staatssozialismus über- und die Abwendung der Menschen von dieser DDR unterschätzt haben.

Peter Merseburger: Was im Papier stand, so wie Sie es eben geschildert haben, mag in der Tat revolutionär gewesen sein. Aber damit kommen wir auch zu der Frage, wie weit es revolutionär bleiben durfte.
Herr Eppler, was war aus ihrer Sicht das Motiv der SPD mit der SED zusammenzukommen und das Papier auszuarbeiten?

Erhard Eppler: Ich möchte zuerst etwas tun, was natürlich nur Nichtprofis tun. Ich möchte eine Vorbemerkung machen, bei der ich dem Moderator widerspreche.

Peter Merseburger: Aber bitte!

Erhard Eppler: Er hat vorhin davon gesprochen, daß wir ausgerechnet denen Reformfähigkeit zugesprochen hätten, die gegen Gorbatschow waren. Das beruht auf einem Mißverständnis, nämlich auf dem Mißverständnis, daß dieses Papier in der Sache ein deutsch-deutsches Papier gewesen sei. Es war in der Entstehung ein deutsch-deutsches Papier, in der Sache handelte es von den Systemen in Ost und West. DDR – Bundesrepublik, deutsch, all diese Worte kommen in dem ganzen Papier nicht vor. Und deshalb hat ja auch die KPdSU zuerst ein-

mal zornig reagiert. Mir hat der sowjetische Botschafter seinerzeit gesagt, mit seiner üblichen Ironie: da soll wieder einmal am deutschen Wesen die Welt genesen. Gemeint hat er: Wenn schon so Grundsätzliches verhandelt wird, dann aber doch mit uns und nicht mit der SED! Die ist dafür überhaupt nicht zuständig. Das heißt, das Papier war nur in seiner Entstehung deutsch-deutsch, nicht in seiner Thematik. Zur Reformfähigkeit muß ich sagen: Wer die Zeitungen von 1989 liest, der wird finden, daß bis in den November/Dezember hinein die Bundesregierung Reformen in der DDR, auch von Krenz und Honecker, angemahnt hat. Das heißt, daß da Reformen offenbar möglich und nötig seien, war nicht im Streit. Herr Merseburger, eigentlich sind das, was Sie gefragt haben, für mich zwei ganz verschiedene Fragen. Die erste Frage würde lauten: Warum seid Ihr überhaupt in den Dialog eingestiegen? – und die zweite Frage, die eine völlig andere ist: Warum habt Ihr das Papier gemacht? Wenn Sie nämlich die zweite Frage stellen, dann müßte ich zuerst eine ganz primitive Feststellung machen: weil ich die SED festnageln wollte. Die SED hatte in einem Gespräch Ende Februar 1986 so erstaunliche Dinge über Koexistenz und gemeinsame Sicherheit gesagt, daß ich der Meinung war, jetzt möchte ich einmal wissen, ob die das nur hier sagen oder ob die das auch mit uns zu Papier bringen und damit dafür geradestehen auch in der Öffentlichkeit? So ist das Papier entstanden. Wenn die Frage lauten sollte: Warum seid Ihr in den Dialog eingestiegen?

Peter Merseburger: Nehmen Sie ruhig an, daß die Frage so lautet.

Erhard. Eppler: Gut. Wir hatten ursprünglich überhaupt nie vor, ein Papier zu machen. Und wenn ich nicht seinerzeit in Freudenstadt gesagt hätte: Könnte man da nicht auch mal was zu Papier bringen? – hätte es nie ein Papier gegeben! Also, da bin ich völlig selber schuld, und da stecken auch keine gewaltigen Überlegungen dahinter, sondern nur der Versuch, die SED an diesem Punkt festzunageln. Zu der Frage, wie sie sich jetzt stellt, würde ich gerne, Herr Merseburger, wenn Sie das erlauben, und ein 70jähriger darf das, einfach etwas vorlesen, was ich einmal in meinen Erinnerungen, die ich als „komplettes Stückwerk"[1] bezeichne, dazu aufgeschrieben habe. Das geht kürzer, als wenn ich es Ihnen jetzt erzähle.

Peter Merseburger: Herr Schneider hat auch schon aus seinen Werken vorgelesen. [allgemeines Lachen]

Erhard Eppler: Und da knüpfe ich nun an – und ich lese es auch vor, weil da etwas drin steht, was ziemlich nahe an dem ist, was Herr Reißig eben gesagt hat.
„Mein Eindruck, daß der Westen dem Osten haushoch überlegen sei, hatte sich seit Mitte der 60er Jahre verstärkt, noch mehr die Überzeugung, daß die Risiken der Entspannung einseitig den Osten trafen. Bei allen

1 Erhard Eppler:
Komplettes Stückwerk
Erfahrungen aus fünfzig Jahren Politik/
Insel-Verlag/Frankfurt/M. u. Leipzig 1996

Kontakten zwischen Bundesrepublik und DDR lief nicht die Bundesrepublik, sondern die DDR Gefahr, daß sich mit dem Feindbild vom bösen Gegenüber die eigene Existenznotwendigkeit verflüchtigte. Weit mehr noch als bei militärischer oder politischer Entspannung galt dies für die Ideologie. Von Gesprächen einer westdeutschen Partei über Grundsatzthemen konnte die Legitimation der Bundesrepublik nicht berührt werden. Sie ruhte nicht auf einer Ideologie, sondern auf freien Wahlen. Die Kommunisten aber mußten am Lebensnerv ihres Staates hantieren, denn ihr Machtmonopol begründeten sie allein mit dem Wahrheitsmonopol des Marxismus-Leninismus. Nicht von ungefähr hatten die Kommunisten bei Kontakten mit dem Westen bislang Fragen der Ideologie strikt ausgeklammert. Wenn sie jetzt bereit waren, ohne Vorbedingungen die Legitimation ihrer Diktatur zur Diskussion zu stellen, mußten sie wissen, was sie taten. Und wenn sie es nicht mehr wußten, war dies ihre Sache. Sicher, es stimmt nicht, daß die Grundwertekommission ihre Gespräche mit der Akademie für Gesellschaftswissenschaften in der Absicht geführt hätte, die DDR zu destabilisieren. Wir haben niemanden hinter's Licht geführt. Aber, wir haben die Risiken natürlich abgewogen und waren nicht überrascht, als im Ergebnis etwas herauskam, was Erich Mielke zu zornigen Ausbrüchen veranlaßte. Es ist durchaus möglich, daß der erste Anstoß zu den Gesprächen nicht aus dem Apparat, sondern von kommunistischen Intellektuellen kam. Denn es gab Anzeichen, daß einige von ihnen aus ihrem selbstgewählten Ghetto in Europa ausbrechen wollten. Wir hatten, so meinte ich, kein Interesse dies zu verweigern. Aber wir konnten und mußten einen Preis dafür einfordern. Wer mit uns reden wollte – und konnte, und zwar ohne Anspruch auf ein Wahrheitsmonopol, der mußte dies früher oder später auch mit den eigenen Bürgern tun. Die Grundwertekommission hat diesen Preis denn auch von Mal zu Mal deutlicher eingefordert, am offensten im gemeinsamen Papier und in der öffentlichen Polemik um seine Einlösung."

Und damit möchte ich noch eine letzte Bemerkung machen, anknüpfend an das, was Peter Merseburger sagte: Es ist völlig richtig, daß das Politbüro, als es dieses Papier passieren ließ, nicht wußte, was es tat. Und es ist ebenso richtig, daß Kurt Hager keine sieben Wochen später, ich glaube um den 20. Oktober, in Frankfurt an der Oder, bereits die Notbremse gezogen hat. Aber, ich behaupte, und es gibt hier in diesem Raum wahrscheinlich viele Leute, die das besser beurteilen können als ich: der Tatbestand, daß die SED-Führung ein solches Papier akzeptiert und im „Neuen Deutschland" veröffentlichte, ohne zu wissen, was das bewegen muß, und es dann etwa sieben Wochen danach bereits wieder desavouierte und die Notbremse zog, war ein solches Armutszeugnis für diese Führung, daß nicht nur ich damals begonnen habe, diese Führung abzuschreiben. Ich war vielleicht der einzige Politiker in der ganzen Republik, der alten Bundesrepublik, der gleichzeitig intensive Kontakte zur SED und intensive Kontakte zur Kirche hatte, mit beiden in dauerndem Gespräch war – übrigens auch mit wirklich ganz oppositionellen Leuten wie Schorlemmer oder Falke. Ich habe sofort gemerkt, an der Stelle haben manche gesagt: Jetzt ist offenbar mit denen nichts mehr anzufangen. Und ich selber habe im Frühjahr 1988 angefangen, das zu tun, was ich dann in der Rede am 17. Juni 1989 öffentlich gesagt habe, nämlich diese Führung einfach abzuschreiben, zu sagen, mit denen ist nichts mehr zu machen. Insofern ist natürlich dieses Versagen der SED-Führung im Zusammenhang mit diesem Papier auch einer der Gründe gewesen, warum es in der DDR dann so gekommen ist, wie es kam.

3. Das Streitpapier und seine Wirkungen in der DDR

Peter Merseburger: Nun müßten wir wahrscheinlich erstmal aus der SED-Sicht wissen, wie das Politbüro überhaupt darauf reagiert hat und was für Folgen das gehabt hat? Hager ist ja schnell nach vorn gegangen und hat damals gesagt: Wir halten am Klassenkampf fest, und der Imperialismus, dem Friedensfähigkeit bescheinigt wurde in dem Papier, so Hager, der muß erst einmal von uns friedensfähig gemacht werden. Das waren also Revozierungen noch und noch. Nach nur sieben Wochen! Hat denn das Papier in den Reihen der SED so viel Aufstand und Unmut verursacht, daß Hager die Notbremse ziehen mußte? Wie sehen Sie das, Herr Uschner, Herr Reißig?

Manfred Uschner: Ja, da war nicht nur Kurt Hager. Das Politbüro insgesamt wußte oder erahnte, was da geschah. Immerhin debattierte man über das Papier fast 9 Stunden – eine der längsten Politbürositzungen überhaupt. Auch jene, die Honeckers zunächst positiver Haltung zum Papier nicht zu widersprechen wagten, blieben doch skeptisch.

Peter Merseburger: Darf ich zur Klärung einfach fragen: Hier steht These gegen These. Die einen sagen, das Politbüro wußte nicht, was es tat, als es das billigte. Sie sagen, es wußte es doch.

Manfred Uschner: Wie ich schon andeutete: Es standen sich im damaligen SED-Politbüro verschiedene Gruppen gegenüber, aber Honeckers Pro gab zunächst den Ausschlag. Man wagte keine offene Kraftprobe. Für Honecker spielte der Besuch in der BRD persönlich eine wesentliche Rolle. Außerdem sah er die Beziehungen zur SPD immer als gegebenenfalls zu handhabendes Korrektiv in Hinblick auf die immer intensiveren Beziehungen zur CSU und CDU, vor allem über die Wirtschaftsschiene des DDR-Wirtschaftschefs Günter Mittag und seiner rechten Hand, Alexander Schalck-Golodkowski, in Richtung Süddeutschland an. Außerdem kam ihm der Übergang der SPD zu einer aktiven Politik der Sicherheitspartnerschaft aus der Oppositionsrolle heraus gelegen. Er war ehrlich an Friedenssicherung inmitten Europas interessiert, weil es im Konfliktfalle keine Deutschen mehr gäbe, auch keine Chance, noch deutsche Politik zu machen. Auch kalkulierte der SED-Chef, daß die SPD ja mal wieder Regierungsverantwortung erlangen könne.
Das war der Ausgangspunkt dafür, daß der damalige Vorsitzende der SPD-Bundestagsfraktion, Hans-Jochen Vogel, 1984 mit Honecker die Schaffung einer Gemeinsamen Sicherheitspolitischen Arbeitsgruppe von SPD und SED vereinbaren konnte. Man stimmte in den sicherheitspolitischen Zielvorstellungen weitgehend überein. Die Abrüstungsgruppe wurde noch 1984 gebildet. Seitens der SED wurde sie von Politbüromitglied Hermann Axen, seitens der SPD von Karsten Voigt und nach der Initiative über die Chemiewaffenfreie Zone in Mitteleuropa (1985) von SPD-Präsidiumsmitglied Egon Bahr geleitet. Ohne diese Gruppe und ihre weiteren Arbeitsergebnisse wie die Initiative über den Atomwaffenfreien Korridor (1986) und die Gespräche über die Zone des Vertrauens und der Zusammenarbeit in Mitteleuropa wäre es Otto Reinhold und Rolf Reißig von der Akademie für Gesellschaftswissenschaften beim ZK der SED niemals erlaubt worden, mit Erhard Eppler und Thomas Meyer so weitgehend über ideologische Fragen zu debattieren und einen offe-

nen Systemvergleich in einem gemeinsamen öffentlichen Papier zu verankern. Die Arbeitsergebnisse der Abrüstungsgruppe Axen-Bahr zielten letztlich auf eine totale Entfernung allen schweren und doppelt verwendbaren schweren militärischen Geräts aus Mitteleuropa ab. Daraus ergab sich ganz logisch, daß nun neue politische Lösungsversuche anstanden. Als sich diese mit dem „Streitpapier" SPD/SED in Umrissen erstmals abzeichneten, zogen die Betonköpfe im Politbüro die Notbremse, zumal der Honeckerbesuch in der BRD nicht so verlaufen war, wie erhofft. Das wirkte sich auf Honeckers Ansehen negativ aus.
Nun gewann die Angst vor den Folgen der Öffnung gegenüber der BRD und der SPD die Oberhand. Man sorgte sich, daß Journalisten der BRD noch mehr Freiraum für ihre Berichterstattung über die wahre Lage in der DDR einfordern würden. Man befürchtete, daß die Attraktivität Gorbatschows und die Anziehungskraft des „Sozialdemokratismus" sich bündeln und zu einem die Einheit der SED und die Existenz der DDR gefährdenden brisanten Gemisch führen würden. Mielkes Berichte über die Wirkung des Papiers in Partei und in der Bevölkerung insgesamt signalisierten „ideologische Aufweichung", Aufmüpfigkeit und zunehmende Reformforderungen. In Moskau beobachtete man diese Entwicklung im Umkreis von Gorbatschow, wie ich selbst ständig feststellen konnte, positiv. Konservative Kräfte jedoch wie Ligatschow, Andrejewna u.a. bestärkten die orthodoxen Kräfte in der SED-Spitze, dagegenzuhalten. Das waren vor allem Hager, Mielke, Dohlus, Neumann, Hermann, Mückenberger und der eine undurchsichtige Rolle spielende Günter Mittag. Aber auch der in Sachen Frieden und Abrüstung ehrlich verhandelnde Hermann Axen sah die Gefahr „ideologischer Aufweichung". Er warnte, die SPD nicht weiter als Feind zu sehen. 1987 saß ich mit dem heute anwesenden Karsten Voigt bei einer gemeinsamen Veranstaltung zum „Olof-Palme-Marsch" (der Kirchenkräfte, Sozialdemokraten und SED-Mitglieder vereinte!) im Bremer Rathaus im Präsidium. Karsten Voigt reichte mir die druckfrische „Streitpapier"-Ausgabe der SPD 'rüber und meinte: „Was habt Ihr Euch da nur unterjubeln lassen!" Zurück in Berlin hörte ich von Hermann Axen: „Was haben wir uns da nur unterjubeln lassen! Wenn das man gut geht!"

Es wurde dann auch folgerichtig im Frühherbst 1987 von der diktatorischen Führungsclique im SED-Politbüro der Rückzug in Sachen „Ideologie- und Streitpapier" geblasen. Honecker tat das zögernd, er wollte weiterhin seine innenpolitischen Defizite durch internationale Reputation ausgleichen. So kam es noch 1988 zum „Internationalen Treffen über Kernwaffenfreie Zonen". Aus der Idee eines Workshops wurde eine von der *Stasi* (gegen den entschiedenen Willen Axens) total überwachte Mammutschau mit prominenten Teilnehmern, auch der sozialdemokratischen Parteien aus der ganzen Welt. Honecker gewährte allen eine propagandistisch groß aufgemachte Audienz. Das „Streit- und Ideologiepapier" wurde aber schon nicht mehr erwähnt.

Ich selbst hielt jährlich stets 60-65 Vorträge im Land, vor Herzchirurgen und Studenten ebenso wie vor Sportlern oder LPG-Bauern. Schon im Oktober 1987 hatte ich alle Vorträge zum SED/SPD-Papier, das in rund 350 000 Exemplaren gedruckt und ausgeliefert worden war, auf Anweisung „von oben" wieder absagen müssen.

Zentralkomitee und Staatsrat hatten nach dem August 1987 bergeweise Briefe zu bearbeiten, in denen SED-Mitglieder und andere DDR-Bürger Reformen endlich auch in der DDR einforderten. Berichte aus den Parteiorganisationen sprachen von wachsender Unruhe und kritischer Distanz zur Berichterstattung der DDR-Medien, von schwindendem Ansehen der SED-Führung und Honeckers persönlich.

Die faktische Rücknahme des SED/SPD-Papiers durch die diktatorische Führungsriege der SED rief eine zweite, nun noch stärkere Widerstandswelle in der SED und in der Bevölkerung insgesamt hervor. Man hatte geglaubt, mit dem SED-SPD-Papier kämen Gorbatschowdenken und demokratische Öffnung nach Ostberlin. Als die Menschen das mitbekamen, vor allem die politisch aktiven, intelligenteren, setzte allgemeine Entrüstung ein, vor allem in der SED selbst. Die Gefahr einer Spaltung der Partei wurde real. Deswegen wurde nun die „Einheit der Partei" unentwegt beschworen. Damit wurde auch die massenweise Entfernung von Funktionären der SED und ihre arbeitsmäßige Umsetzung – ohne statutengemäß vorgesehene Parteiverfahren und in aller Stille vollzogen – begründet. Es betraf ca. 20 000 Funktionäre. Massenausschlüsse und Massenaustritte aus der Partei folgten, auf zentrale Weisung als „Streichung" registriert. Allein vom 1. Januar 1989 bis zum Mauerfall gab es 64 000 solcher „Streichungen", die stets mit sozialer Abstrafung verbunden waren. Alles geschah im engen Zusammenwirken mit der *Stasi*; ich mußte es ja im Februar 1989 am eigenen Leibe erfahren.

Interessant für mich ist übrigens, daß mit den fast gleichen Argumenten gegen das SED/SPD-Papier auftraten: der Mielkeapparat, orthodoxe Parteiapparatschiks, die alle Aufmüpfigen gnadenlos verfolgten, die CDU, aber auch einige Neusozialdemokraten in Ostdeutschland, wie etwa Stephan Hilsberg: SED und SPD seien sich viel zu nah gekommen! Doch wohl sehr unterschiedliche Kräfte mit dem gleichen Vorwurf!

Alles in allem belegt das: dieses SED/SPD-Papier, das sich seitens der SPD sehr zielgerichtet in die Gesamtkonzeption des „Wandels durch Annäherung" einpaßte, war keineswegs „unnötig" oder „schädlich" (Hilsberg), sondern ein Ereignis von großer Tiefenwirkung. Der frühere DDR-Außenminister Winzer hatte schon die Brandt-Bahr'sche Konzeption des „Wandels durch Annäherung" als „Aggression auf Filzlatschen" bezeichnet. Gut zwei Jahre nach dem „Streit- und Ideologiepapier" war es mit der Macht der SED-Politbürokratie vorbei. Die Mitgliedschaft schaute dem zumeist enttäuscht und desillusioniert zu.
Am 4. November 1989 begann aber ein nicht kleiner Teil mit der Großkundgebung auf dem Alex und den nachfolgenden Kundgebungen vor dem ZK-Gebäude, zunächst gegen die alte Führung, dann gegen Krenz & Co. die Realisierung von Erneuerungsideen einzufordern, wie sie 1987 im „Streit- und Ideologiepapier" erstmals in der DDR öffentlich formuliert worden waren. Man hatte dieses Papier unsichtbar in der Hand.

Peter Merseburger: Ich muß zur Klärung doch eben noch mal an Herrn Uschner fragen: Sie sagen, das Politbüro wußte, was es mit dem Papier beschloß. War damals auch Mielke dafür, oder war er damals schon dagegen?

Manfred Uschner: Das Politbüro war gespalten, und Honecker selbst war es auch. Honecker und Axen befürchteten, wenn man das Papier sofort schroff zurückweise, gefährde das die Abrüstungsgespräche SED-SPD und Honeckers internationales Ansehen, auf das er zunehmend großen Wert legte. Honecker glaubte zunächst – und dies hielt er Mielke und anderen entgegen – daß die SED ihr schlechtes Image in der BRD abbauen und stärkeren Einfluß auf die innenpolitische Entwicklung der BRD gewinnen könne, auch und gerade über die Friedensbewegung, wo sich deutsch-deutsche Interessen trafen. In der theoretischen Zeitschrift der SED, „Einheit", wurde außerdem herausgestellt, daß man den „revolutionären Weltprozeß" unter den Bedingungen der „Friedlichen Koexistenz" auf günstigste Weise „vorantreiben" könne.
Gewiß gab es auch bei Honecker und seiner Umgebung ein großes Maß an Selbstüberschätzung und Überheblichkeit. Man war sich sicher, im friedlichen Wettbewerb die BRD besiegen zu können. Das war eine Utopie!

Peter Merseburger: Schönen Dank Herr Uschner. Jetzt möchte ich eigentlich Herrn Bisky fragen, der damals als Professor an der Hochschule, der Film- und Fernsehhochschule in Babelsberg lehrte: Wie hat das da gewirkt? Hat es überhaupt eine Wirkung gehabt, oder hat man das gar nicht so richtig zur Kenntnis genommen?

Lothar Bisky: Das hat wie eine Bombe gewirkt. Ich kann mich da an zwei Dinge ganz genau erinnern. Als es veröffentlicht wurde, war ich gerade mit Studenten in Rostock im Fischkombinat. Dort hatten wir angeboten, für die Seeleute – weil wir keine Devisen hatten und immer Kameras, Videokassetten und so brauchten und uns immer etwas einfallen lassen mußten – ein paar Videos zu drehen, und die sollten uns dafür ein paar kleine Kameras kaufen. Dort wurde ich von Mitgliedern der Parteileitung angesprochen, was denn in Berlin los sei? Weil ja Babelsberg näher an Berlin dran ist als Rostock. Und man war dort unerhört erregt, daß in Berlin die „Revolution" preisgegeben wird. Wohlgemerkt, es war die Parteileitung [Lachen]. Die haben Fische gut verarbeitet, sie haben uns auch mit Kameras versorgen wollen. Dort war also eine ganz harte Reaktion. Das war ehrlich gemeint. Da war auch eine jüngere Parteisekretärin. Die sagte: das kann doch wohl nicht wahr sein, was Ihr in Berlin dort aushandelt. An der Hochschule selber war das natürlich eines der drei Dinge, die sehr wirksam waren. Die Hochschule war etwas Insel, das stimmt, aber sie war auch nur Insel, weil andere sie Insel sein ließen, als Insel behandelt haben. Bei den Studenten war das, nachdem Gorbatschow da war, nachdem der „Sputnik" verboten wurde, das dritte wichtige Ergebnis, wo Mut wuchs, wo die Studenten das Papier ernst genommen und danach auch gehandelt haben und überhaupt nicht verstehen konnten, daß nun im Innern nicht darüber diskutiert werden sollte. Also, darüber wurde natürlich diskutiert. Und es war auch eine Hoffnung, daß die lange stillen, schweigsamen, angepaßten Reformer in der SED – darüber will ich jetzt nicht reden – irgendwo da sind. Und dann kam Reißig und hat an der Hochschule darüber gesprochen. Das fand eine ganz begeisterte Aufnahme, und unter den Zuhörern war einer aus der Armee, der war der Mann von unserer Russischdozentin. Der ging zurück zur Armee und wurde sofort aus der SED ausgeschlossen – auch weil er an dieser „revisionistischen" Hochschule solch merkwürdige Vorträge hört. Das war also schon sehr ernst. Der wurde aus der SED ausgeschlossen und verlor damit natürlich auch seinen Beruf als Offizier bei der NVA. Also im Großen und Ganzen hat das Dokument seine Wirkung getan. Es gab viele Versuche, dagegen anzugehen – es war aber nicht wieder zurückzuholen. Papiere bewegen ja häufig gar nichts. Dieses Papier hat etwas bewegt. Damit ich nicht falsch verstanden werde: Es hat vielen jungen Leuten und auch anderen Kraft gegeben, aber ich will auch eines sagen: zwei Thesen will ich nicht durchgehen lassen. Die eine, dieses verschwörungstheoretische Argument, daß Gorbatschow die DDR verkloppt hat. Die andere halte ich auch für falsch, daß gesagt wird: Wandel durch Annäherung hat die DDR sozusagen kaputt gemacht. Das sind beides Argumente, die ich in dieser Absolutheit nicht gelten lassen kann. Die DDR ist implodiert. Sie ist an ihren eigenen Schwächen kaputt gegangen. Aber im Rahmen dessen, was dazu beigetragen hat, denke ich mal, hat dieses Papier doch viel mehr bewirkt, als man angenommen hat. Das kann ich auf jeden Fall bezeugen. In der Filmhochschule war es eines der ganz wichtigen Papiere, genauso wichtig wie einzelne Reden von Gorbatschow.

Peter Merseburger: Nur eine Frage: Inwieweit hat dann gewirkt, was Hager schon sieben Wochen später gesagt hat? Hat das die Erwartung gedämpft bei den Studenten? Wurde das zur Kenntnis genommen? Oder hielt man sich weiter an das Papier und nutzte das Papier als Waffe gegen die Führung?

Lothar Bisky: Also, die Sache mit dem Tapetenwechsel. Das Argument hat überhaupt nicht gezogen an der Hochschule. Das wurde nicht ernst genommen. Genau wie andere Dinge auch. Also, die DDR war ja auch nicht absolut homogen, es war nicht alles überall gleich. Nehmen wir das „Sputnik"-Verbot. Hier in Berlin an der Musikhochschule wurden acht Studenten, die dagegen protestiert hatten, exmatrikuliert! Ein Skandal sondergleichen! An der Filmhochschule hat den Protest fast jeder unterschrieben. Da hätte man die Schule schließen müssen. Es gab da schon Unterschiede. Aber, als Hager mit dem Tapeten-Argument kam und überhaupt das Papier zurückwies, hat das überhaupt nichts mehr bewirkt. Ich will allerdings auch sagen, daß der erste Film an der Filmhochschule schon fertig war, bevor das Papier kam, in dem zum ersten Mal Bilder über den Umgang mit dem Sozialdemokratismus in Leipzig der fünfziger Jahre dokumentiert und nicht 'rausgeschnitten wurden. Das war der Film „Alfred" von Andreas Voigt. Und das war zum ersten Mal, daß gezeigt wurde, wie unkritisch und wie dumm und wie verwerflich die SED damals mit dem Phänomen Sozialdemokratismus in Leipzig umgegangen ist. Ich will damit nur eines sagen: die Reaktionen von Hager und vom Politbüro haben nichts mehr zurücknehmen können. Ihre Autorität war schon so geschwunden, daß alle, die etwas auf Gorbatschow hielten oder in die Richtung dachten, das nicht mehr so ernst genommen haben. Sie haben nur noch die wechselnden Argumente zur Kenntnis genommen, aber bewirkt hat es nichts. Die Führung war zu dem Zeitpunkt – schon ziemlich einsam.

Peter Merseburger: Ich muß Herrn Reißig auch nach der Binnenwirkung in der SED und in der Akademie für Gesellschaftswissenschaften fragen. Zunächst an Steffen Reiche die Frage: Wie haben Sie das damals erlebt?

Steffen Reiche: Die erste Auseinandersetzung damit habe ich hier ganz in der Nähe erlebt, nämlich im Club der Kulturschaffenden. Da war relativ breit eingeladen worden, und Rolf Reißig hielt den Vortrag, stellte das Papier vor. Es waren außerordentlich viele Leute da. Rolf Reißig hat die gleiche Beobachtung gemacht wie ich, daß die ersten Reihen un-

gewöhnlich dicht besetzt waren von Leuten, die man relativ genau bestimmen konnte. Die Diskussion ist damals aus den hinteren Reihen geführt worden. Und da muß ich allerdings kritisch sagen: wir haben, gerade aus den hinteren Reihen, dieses Papier als ein innenpolitisches Papier eingeklagt. Wir wollten sie darauf festnageln, daß die Kultur des Streits nicht nur mit der SPD im Westen, sondern auch mit uns so zu führen wäre. Sie, Herr Reißig, haben damals relativ geschickt, aber immerhin widersprochen – vielleicht weil Sie das wegen der Leute in den ersten Reihen nicht so offen sagen wollten. Die Erinnerung darüber hinaus ist die: Ich habe mir damals das ND abonniert, weil [Zwischenbemerkung; Lachen] ich den Text des Streitpapiers nicht bekommen hatte, und dachte, wenn das jetzt vielleicht eine Öffnung wird, dann brauchst du das ND häufiger, um die Texte dann auch wirklich zu haben. Ich hab's dann allerdings relativ bald wieder abbestellt.
Ich will noch zwei Erfahrungen beschreiben. Zum einen: wie die Sozialdemokraten in dem Papier ihre Position beschrieben haben, habe ich wortwörtlich so übernehmen können und habe dabei das erste Mal gemerkt: dann bist du vermutlich selber einer. Und mir kam zum ersten Mal die Idee – auch im Zusammenhang mit dem Lesen von Texten von Hermann Weber über die Geschichte der DDR und von Wolfgang Leonhard – daß man auch auf der Grundlage eines solchen Papiers diese andere Gruppe, nämlich die Sozialdemokratie auch in der DDR in irgendeiner Form wieder beleben und institutionalisieren müßte.

Peter Merseburger: Das ist erstaunlich. Herr Eppler ist also praktisch der Geburtshelfer Ihrer neuen Partei gewesen?

Steffen Reiche: Ich habe ja gesagt, da waren noch eine Reihe anderer Texte, und es gab ja auch andere Wege zu der Gründung der SDP, darüber müßten Meckel und Gutzeit mehr sagen können.

Peter Merseburger: O.K., es hörte sich eben nur so an. Entschuldigen Sie.

Steffen Reiche: Ich will das ja gar nicht bestreiten... Das waren ganz viele Gründe. Wir haben diese Kultur des Streits immer wieder eingeklagt. Ich erinnere mich an viele Gespräche, wo wir dann zu SED-Funktionären zitiert wurden, und insbesondere, wenn sie dann laut wurden oder unsachlich, haben sich viele von uns immer wieder darauf berufen und gesagt: Also wenigstens die Kultur des Streits, die Eure Vorderen da besprochen und beschlossen haben, die müßte doch auch in einem solchen Gespräch möglich sein. Und insofern will ich ganz ausdrücklich sagen, ich halte es bis heute für richtig, daß dieses Papier verfaßt wurde. Und ich bin bis heute der Meinung, daß es an vielen Stellen hilfreich gewesen ist, auch wenn – Lothar Bisky hat eben zwei Ergebnisse genannt – für uns klar war, daß man sich davon schon bald wieder verabschieden würde.

Peter Merseburger: Herr Reißig: eine Frage zur Binnenwirkung dieses Papiers in der SED und in der Akademie für Gesellschaftswissenschaften. Kann man sagen, daß die Reaktion des Politbüros gegen das Papier sich dann gegen die Mitverfasser des Papiers richtete?

Rolf Reißig: Nur einen kurzen Vorspann noch zur Reaktion des Politbüros auf das SPD/-SED-Papier. Nun bin ich kein Insider, gehörte als Sozialwissenschaftler nicht zum Machtzirkel, hatte nur einmal ob dieses Papiers ein „Gespräch“, d.h., ich war bei Hager vorgeladen und hörte dort eineinhalb Stunden seine Kritik. Wenn ich überhaupt darauf hier zu sprechen komme, dann nicht aus persönlichen Gründen, sondern nur, weil dies ein Schlaglicht auf die Reaktionsmuster der SED-Führung hinsichtlich der Wirkung dieses Streitpapiers wirft. Ich hatte mit Jürgen Fuchs, dem „Staatsfeind Nr. 2“, bereits im September, einen Monat nach Verabschiedung dieses Papiers, auf dem Podium gesessen und entsprechend der Intention des Papiers meine Position zum Dialog, zur Öffnung der DDR, zur Erweiterung von Demokratie und Menschenrechten dargelegt. Dieses öffentliche Gespräch in Freudenberg war von anwesenden „westlichen" Rundfunk- bzw. Fernsehanstalten mitgeschnitten und dann als hektographiertes Papier in der DDR durch Bürgerrechtler verbreitet und kurz darauf in der Umweltbibliothek als „staatsfeindliches Papier" beschlagnahmt worden. Es war die Strategie der SED, Gespräche zwischen Reformsozialisten und DDR-Dissidenten zu verhindern. Denn darin lag die wirkliche Gefahr, nicht für die DDR, aber für die SED-Hardliner. Und das zweite: ich hatte im Januar 1988 in der „Berliner Zeitung" ein Interview gegeben, das veröffentlicht und auch im Verlag und in der Redaktion ausgehangen wurde. Mit seinen Äußerungen zum offenen Wettbewerb der Systeme, zum Abbau der Feindbilder usw. weise es „nach vorn". Anders die Reaktion des Führungsapparates. Der Chefredakteur bzw. sein Stellvertreter mußten umgehend in die Agitationsabteilung Hermanns und sich dort entschuldigen, weil ihre „revolutionäre Wachsamkeit" zu wünschen übrig ließe. Umgehend wurde ein mehrere Dutzend Seiten starkes Papier ausgearbeitet, das unwiderlegbar die Vorzüge und die Überlegenheit des Sozialismus und die Gebrechen des Kapitalismus „begründete". Das also war der Hintergrund, weshalb mich Hager vorlud und seine Position, auch zur DDR-Bürgerrechtsbewegung, entwickelte und meinte: Dieses Dialog-Papier, wenn es so genutzt werde, wie ich und andere es interpretierten, würde die DDR aushebeln, die Opposition in Vorderhand bringen, ihr geistige Hegemonie verschaffen und damit die SED in die Enge treiben. Die Wirkungen des Papiers verunsicherten also den orthodoxen Führungszirkel und die Machtapparate der SED recht schnell. Insofern, Herr Merseburger, richtete sich die Reaktion des Politbüros gegen das Papier auch gegen die Mitverfasser dieses Streitpapiers. Vor allem wurden die Vorschläge für eine Umsetzung des SPD/SED-Papiers in der DDR (z.B. deutsch-deutsche Schulbuchkommission, öffentliche Debatten in den Medien, Dialog mit der Bürgerrechtsbewegung, Bildung einer wissenschaftlichen Systemvergleichsgruppe) abgelehnt.

Doch sollte ich etwas sagen, warum das SED-Politbüro diesem Papier im August 1987 zugestimmt hatte. Ich glaube, daß das nicht ganz so einfach ist, wenn man hier sagt: die wußten nicht, was sie taten. Tatsächlich waren wir über die Annahme des Papiers und noch mehr über die Art und Weise (Vorschlag einer Pressekonferenz in Bonn und Berlin, Publikation des Papiers im „Neuen Deutschland", Fernsehdiskussionen der vier Autoren) überrascht. Dieses war ja kein Auftragswerk. Das haben Thomas Meyer und Rolf Reißig ausgearbeitet sowie Otto Reinhold und besonders Erhard Eppler dann redigiert. Das Politbüro hatte es vordem – das muß man einfach mal wissen – nicht zu Gesicht bekommen. Es gab 1985 nur eine Notiz von Reinhold an Honecker: Es wird ein Protokoll über diese Gespräche, über diesen Dialog, angefertigt. Und im Sommer, nachdem der Parteivorstand der SPD schon seine Zustimmung gegeben hatte, haben wir es mit Skepsis, ob es durchgeht, weitergereicht. Reinhold als Rektor der Akademie hat es dann Honecker, der im Urlaub war, über den damals amtierenden Sekretär Krenz zugeschickt. Es kam alsbald zurück, mit der Bemerkung: „Wäre von großer historischer Bedeutung für Diskussionen und Aktionen der Arbeiterbewegung, einverstanden E.H." [Lachen] Und damit waren auch die Gegenpositionen, auf die Manfred Uschner aufmerksam machte, zunächst ausgeräumt. Auf der Politbürositzung, das habe ich erst im nachhinein im Archiv gelesen, sprachen wohl so alle Anwesenden. Nur einer – Alfred Neumann – äußerte sich ablehnend. Er war, wie sich zeigte, der einzige, der nicht wußte, daß Honecker dieses Dokument schon abgesegnet hatte. Aber in dieser Politibürositzung, so das Protokoll im Archiv, haben von Mielke bis Axen alle diesem Papier zugestimmt. Das war ganz offensichtlich Usus in einer zentralistischen Partei mit einem solch engen, totalitären Führungszirkel. Das stellt die Gegensätze und die Gegenpositionen, die es gab und alsbald aufbrechen sollten, nicht in Frage. Warum aber zunächst diese Zustimmung?

Ich will es nicht so sehr ereignisgeschichtlich, nicht an solch persönlichen Dingen festmachen, die natürlich auch erheiternd wirken können, sondern versuchen, es an drei Punkten zu erklären.

Die SED hatte eben ein friedenspolitisches Interesse. Das war auch ein machtpolitisches Interesse. Und sie sah in diesem Dokument das, was erfolgreich schon in den sicherheitspolitischen Gesprächen zwischen Axen und Bahr lief. Man meinte offensichtlich, mit diesem Papier könne man das fortsetzen. Das ist das eine, und da gab es im SPD/SED-Papier ja auch genügend Ansätze.
Das zweite ist der günstige Zeitpunkt. Aber ich sage, auch wenn Honecker nicht kurz darauf zu Kohl gefahren wäre, wäre das Papier „durchgekommen". Die Jahre 86/87 waren noch durch ein gewisses Vakuum gekennzeichnet, durch einen bestimmten „Suchprozeß". Dies steht im Zusammenhang mit der Perestroikapolitik in Moskau, mit ersten Transformationsprozessen in Polen und Ungarn und der wirtschaftlichen Kooperationspolitik der DDR gegenüber der Bundesrepublik. Gerade in dieser Situation eines gewissen Vakuums wollten reformorientierte Kräfte in der SED gerade auch mit diesem Papier die Situation nutzen, um etwas zu bewegen, was so viele in der DDR forderten. Das Schicksal des Papiers, das „traurige Ende" lag auch darin begründet, daß es von 1987 zu 1988 offensichtlich den „Umschlag" in der Politik der SED gab. Die endgültige Abkehr sozusagen von jedem Ansatz von Reformen, von jedem Nachdenken über Reformen – ich sage nicht, daß es vorher Reformen gab, aber es gab noch interne Debatten, es war noch etwas offen. Es war noch nicht völlig entschieden, ob man man auf Totalblockade setzt oder auf partielle Öffnung. Deshalb war auch die Orientierung des Papiers auf Reformen richtig. Das kippte nun endgültig um, und zwar nicht so sehr nur wegen des Papiers, sondern auch, weil der Perestroika-Druck aus Moskau immer nachhaltiger wurde, weil Reformkommunisten wie in Ungarn oder in Polen begannen, den Systemwandel selbst einzuleiten, und man nun Angst bekam, das

könnte auf die DDR überschwappen und sei nicht mehr kontrollierbar. Deshalb auch dieser Übergang in der Politik zur Totalblockade, wovon u.a. das Sputnik-Verbot, das immer repressivere Vorgehen gegen die Bürgerrechtler, die Kommunalwahlverfälschung zeugten. Man braucht nur zwei Berichte aus dem ehemaligen Büro Axen zu vergleichen, die im Archiv einzusehen sind. 1987 schätzte das MfS noch ein, das Papier sei zu begrüßen, denn Wirtschaftsleute der Bundesrepublik könnten für dieses Papier gewonnen werden. In der CDU gäbe es auch gewisse Differenzierungen und Zustimmungen zum Papier. Eine neue Offensive zum Westen hin sei möglich. 1988/89 heißt es dann aber: 35mal seien Sozialdemokraten zu den Bürgerrechtlern, zur Kirche gefahren und hätten versucht, eine Opposition aufzubauen. Jetzt komme es darauf an, alles zu tun, um das zu verhindern. Das heißt, in einer doch verhältnismäßig kurzen Zeit vollzog sich ein nachhaltiger Wandel in der Einschätzung der Wirkungen des SED/SPD-Papiers.

Die SED hatte zugestimmt, weil sie glaubte, mit ihrem alten Strategiemuster die bisherige Politik ohne Kurskorrekturen fortsetzen zu können. Das heißt mit einer Doppelstrategie; nach außen: sich scheinbar öffnen, auch Reformen akzeptieren. Das schien unumgänglich, war man doch an Friedenssicherung substantiell interessiert, ebenso wie an Wirtschaftskooperation mit der Bundesrepublik. Es war einem kleinen Zirkel in der Führung offensichtlich damals schon klar, daß ohne diese Kooperation die DDR wirtschaftlich kaputtgeht. Und deshalb auch die formale Zustimmung zu einem solch ungewöhnlichen Papier. Und nach innen sollte diese Doppelstrategie als Abriegelung des gesellschaftlichen Dialogs fortgesetzt werden. Aber so sehr man Kritik an diesem Papier heute üben kann, an unserer Blauäugigkeit, an unseren Illusionen, an manchen Formulierungen, genau diese SED-Doppelstrategie durchbrach das Papier erstmals. Denn jetzt hieß es: Innendialog wird zum entscheidenden Kriterium. Außen- und Innendialog gehören zusammen. Die bislang recht erfolgreiche Doppelstrategie war mit dem Papier an ihre Grenzen geraten und scheiterte in den folgenden Monaten zusehends. Der Dialog, einmal in Gang gekommen, war nur mehr schwer zu stoppen. Mein Einwand damals beim Gespräch, auf das Herr Reiche verwies, war nicht, daß es kein innenpolitisches Papier sei, sondern daß man es in diesem Zusammenhang von Außen- und Innendialog sehen sollte, sonst ist es von vornherein in der SED, in der DDR zum Scheitern verurteilt. Während Sie, Herr Reiche, völlig zu Recht gesagt haben, Innendialog – alles andere interessiert uns nicht, mußte ich sagen, und so war auch meine persönliche Intention – Außendialog verlangt den Innendialog, und dieser muß eingefordert werden. Und darum begann, wie gesagt, die praktische Auseinandersetzung. Hier zeigte sich die Wirkung in der DDR, die Doppelstrategie begann, worauf ich schon verwies, endgültig zu scheitern. Und das Papier – ohne hier auf einzelne Auseinandersetzungen eingehen zu können – war in der DDR in kurzer Zeit mehrheitsfähig geworden: bei den Reformorientierten in der SED, bei den kritischen intellektuellen Kräften und bei Bürgerrechtlern. Andere, vielleicht Herr Weisskirchen, werden dagegen polemisieren, und da gibt es hier auch noch viel Kritisches zu sagen. Aber meine These ist: die Mehrheit der Bevölkerung hatte nichts gegen das SED/SPD-Papier. Aber wie sich zeigte, konnte sie mit dem Papier auch nicht mehr sehr viel anfangen. Aber bei denen, die sich engagierten und sich an der DDR (noch) rieben, bei Reformsozialisten, Kirchen und Bürgerrechtlern war es mehrheitsfähig geworden. Das ließe sich auch im einzelnen dokumentieren. Das war neu für die DDR. Damit war eine Situation entstanden, die so nicht vorauszusehen war, die wir aber schon wollten, bei all unseren Anpassungen, eben die Chance eines Reformbündnisses in der DDR. Nicht mehr und nicht weniger als eine einmalige Chance war entstanden. Und die mußte genutzt werden. Als Zusammengehen der drei relevanten Gruppen für eine Demokratisierung und Reformierung der DDR von innen. Die Reformsozialisten haben diese Chance aber nur unzureichend genutzt. Die Gegenstrategie hieß Abriegelung und Zerschlagung eines solchen DDR-Reform-Bündnisses. Der Apparat und die konservativ-orthodoxen Kreise in der SED konnten sich um den Preis ihrer fortschreitenden Delegitimierung noch einmal durchsetzen. Es war ein Pyrrhussieg, die „Stabilität der Angst“ brach zusammen, wie der Mitbegründer von „Demokratie jetzt“, Hans-Jürgen Fischbeck, später bemerkte. Obwohl das Dialog-Papier nicht als Dokument zum Sturz der SED oder gar zur Überwindung der DDR konzipiert war, war es doch an der Öffnung der DDR und ihrer Reformierung orientiert und wirkte später zumindest als ein Katalysator des friedlichen Umbruchs.

Peter Merseburger: Es wurde abgeriegelt, weil die SED-Machthaber die Angst hatten, daß sie die Reformen nicht im Griff behalten werden?
Herr Eppler, Sie haben vorhin gesagt, Sie waren sich gar nicht klar darüber, daß das eigentlich ein deutsch-deutsches Papier gewesen sei. Von Ihnen wäre das eher als ein Systempapier entwickelt worden, aber es wurde doch dann zu einer Art explosivem deutsch-deutschen Papier?

Erhard Eppler: Ich wollte eigentlich nur darauf hinweisen, daß zum Beispiel, wenn von Anerkennung der Existenz die Rede ist, nicht die DDR, sondern dieses System insgesamt gemeint war. Wenn Sie es genau lesen: Es hat mit den beiden Staaten zuerst einmal nichts zu tun. Natürlich ist es dann auch so interpretiert worden, und ich habe ja am 17. Juni dann im Bundestag auch gesagt: mir ist es egal, wenn Ihr das so interpretiert, aber dann muß man etwas hinzufügen. Ich wollte jetzt nur meine Äußerung von vorhin insofern modifizieren. – Ich glaube, wir können uns darauf einigen: Daß das Politbüro geglaubt hat, man könne dieses Papier in der alten Weise durch eine Doppelstrategie entschärfen, manipulieren und verfälschen, zeugte im Herbst ‘87 von einem gewaltigen Realitätsverlust. Und das zweite: Daß dieses Politbüro hier in einer ganz wichtigen Sache praktisch gesagt hat „Rin in die Kartoffeln, raus aus den Kartoffeln“, hat die Autorität dieses Politbüros weiter beschädigt.

Peter Merseburger: Herr Weisskirchen, wie hat das Papier damals auf Sie gewirkt?

Gert Weisskirchen: Also gar nicht so, wie das Herr Reißig eben vermutet hat. Ich habe das Papier aus einem anderen Blickwinkel – natürlich – wahrgenommen, aber eben äußerst positiv, und zwar aus der Reaktion heraus, die Steffen Reiche schon angesprochen hat. Ich war bei dem Kirchentag und insbesondere bei dem Kirchentag von unten hier damals in Ostberlin dabei, also sozusagen im Vorlauf dessen, was dann nachher in dem Papier stand. Und ich habe einen wesentlichen Teil der kirchlichen Opposition, pardon, der Gruppen innerhalb der Kirche gesehen und mit denen diskutiert, die sich selber damals kritische Menschen nannten. Wir sollten sehr aufpassen, daß wir nicht ex post diskutieren. Also, Opposition gab’s damals nicht, auch diejenigen, die sich später

Opposition nannten, waren nicht Opposition, wollten es auch nicht sein. Zu jenem Zeitpunkt. Wichtig ist, daß sich kritische Menschen auf das Papier berufen konnten. Und das war der Sprengsatz des Papiers. Wenn man sich das Papier genau anschaut, dann stehen eine Menge an Sätzen drin, die, wenn man sie in der Gesamtheit sieht, natürlich in sich selber sehr widersprüchlich sind. Das konnte zu jenem Zeitpunkt auch gar nicht anders sein. Aber es gibt eben auch Sätze von einer solchen Klarheit, daß sie dann für die Gruppen, die diese DDR damals haben verändern wollen, und zwar nicht sprengen wollen, sondern verändern wollen, für diese Gruppen konnten diese Sätze Berufungsfälle werden. Und das hat sich dann auch deutlich gezeigt. Daß sie mit diesen Sätzen nachher operieren konnten, war ein ungeheurer Vorteil, und sie stürzten damit den Rest an Legitimation, den die DDR noch hatte oder das Politbüro noch haben konnte, das stürzte mit diesen Sätzen ein. Einen einzigen Punkt sehe ich kritisch: Das Papier ist ja nur zu verstehen aufgrund des Prozesses der von 1975 ausging, also von Helsinki, und insofern ist dieses Papier ein wesentliches Instrument des Helsinki-Prozesses, mehr noch: eine Radikalisierung des Helsinki-Prozesses. Wenn Sie sich die drei Körbe von Helsinki anschauen, dann finden Sie kein Dokument, das mit dieser Klarheit, in dieser Radikalität Menschenrechte, Demokratie und die Möglichkeit fordert, offen und offensiv und öffentlich zu debattieren. Das ist ein deutlicher qualitativer Sprung innerhalb des Helsinki-Prozesses selbst. Der Punkt, den ich kritisch sehe, ist, daß dieses Papier nicht – hat auch vielleicht nicht können, weil es eben ein SPD/SED-Papier gewesen ist – in die übrigen Prozesse, die ja mit diesem Papier auch zusammenhängen, also Solidarnosc oder Charta 77 eingebunden worden ist. Charta 77 – die gab es schon zehn Jahre. Und das eigentliche Problem, das ich sehe, ist, daß die Sozialdemokratie an diesem Punkt die Symmetrie der Entwicklung zwischen Charta 77, Solidarnosc und den kritischen Menschen innerhalb der DDR nicht richtig erkannt hatte. Das ist aber auch alles, was ich kritisieren kann. Nichts anderes kritisiere ich. Im Gegenteil! Ich meine, daß dieses Papier ein Sprengsatz gewesen ist, daß es mitgeholfen hat, diesen Umschlag voranzubringen. Der Umschlag, der ja zunächst von der Kooperation hin zur Annäherung vorangeschritten war und über die Annäherung dann zur Auflehnung innerhalb der DDR geführt hat. Dies sind alles Prozesse, die ineinander verwoben sind. Und diese Prozesse haben sich gegenseitig beschleunigt, verstärkt, vorangetrieben. Und ich kann auch, wenn man historisch an das Papier herangeht, nur sagen: Dieses Papier war zum richtigen Moment da. Diejenigen, die sich auf dieses Papier berufen wollten, konnten es auch tun. Und diejenigen, die es abgelehnt haben, haben das der Öffentlichkeit auch deutlich gemacht: nach dem Palme-Friedensmarsch, nach der Umweltbibliothek und nach den Luxemburg-Demonstrationen mit den anschließenden Verhaftungen. Sie haben damit zumindest deutlich gemacht, wie wichtig dieses Papier war: indem sie es demonstrierten durch ihr aktuelles Handeln. – So wurde klar: wenn diese Macht sich so verhält, dann dementiert sie das Papier, das sie selber unterschrieben hat, und dann ist diese Macht objektiv an ihr Ende angekommen. Das mußte deutlich werden. Insofern war auch das Papier gerade in seiner Funktion so wichtig. Die Macht konnte das Papier nicht mehr unterstützen. Und in dem Moment, wo sie es nicht mehr unterstützen konnte, war klar, sie ist am Ende. Es war die letzte Chance – und diese Chance hat sie selber vertan.

4. Wirkungen in der Bundesrepublik

Peter Merseburger: Vorhin fiel hier das Wort, daß die SED versucht hat, den Entspannungsdialog zu monopolisieren. Im Grunde haben Sie so etwas jetzt gesagt von der SPD. Sie hat sich auf die SED konzentriert, Solidarnosc und Charta 77 vernachlässigt. Damit stellt sich die Frage nach der Binnenwirkung des Papiers in der Bundesrepublik. Daß es in der DDR eine explosive Wirkung gehabt hat, haben eigentlich alle hier gesagt.

Aber wie würden Sie die Wirkung dieses Papiers in der Bundesrepublik sehen?

Gerd Weisskirchen: Eine doppelte. Das eine: Die Grünen haben die innere Differenzierung des Entspannungsprozesses auf einen einzigen Punkt reduziert, nämlich auf die Aktionen von unten. So gesehen haben sie das Papier nicht pauschal kritisiert, sie haben es sogar gegenüber Angriffen von Konservativen verteidigt; aber sie haben eben dieses Papier pauschal zugeschlagen zu der etatistischen Form der Entwicklungspolitik. Sie meinten: seht Ihr, die Sozialdemokratie ist zu mehr als zu solchen Abmachungen mit Parteifunktionären nicht fähig. Die Unterstützung von Aktionen von unten fehlte. Das zweite ist, daß es auch in der Sozialdemokratie einige gegeben hat, die gegen das Papier waren. Aber aus einem ganz anderen Grund: aus einem strikt antikommunistischen Grund. Auch innerhalb der Fraktion und innerhalb der Partei gab es solche. Diese beiden Hälften, die Grünen, die sich auch auf die Entspannungspolitik berufen haben, und ein Teil der SPD, der SPD-Rechten, die haben diesen Prozeß nicht aktiv gestaltet. Dieser Prozeß war ein ungeheures Wagnis. Und schwer für alle, die sich darauf eingelassen haben. Und das Wagnis ist überraschenderweise, ohne daß man das selber wußte, als das Papier gemacht worden ist, zu einem ungeheuren Vorteil geworden. Es hat nämlich wie ein Katalysator gewirkt, auch in der bundesdeutschen Debatte selbst, wenn Sie zum damaligen Zeitpunkt „Die Welt“ lesen, den „Rheinischen Merkur“, die „Süddeutsche Zeitung“ bis in die „FAZ“ – der Eindruck war völlig gespalten. Teile haben es äußerst positiv gesehen, wenige haben es negativ gesehen. Ich glaube, daß das im Grunde nur widerspiegelt, daß die Entspannungspolitik selbst ein ungeheures Wagnis gewesen ist, das überraschenderweise gut ausging. Es hätte auch ganz anders ausgehen können – China etwa, die Demonstration auf dem Platz des Himmlischen Friedens – auch das wäre möglich gewesen. Das kann heute keiner mehr sagen. Aber das Papier hat insofern als Katalysator gewirkt und hat die unterschiedlichen Strömungen innerhalb der Entspannungspolitik sehr deutlich herauskristallisiert. Ich finde, insgesamt jedenfalls, daß man das Papier nicht nur als historisches, sondern auch als eines, das den Prozeß beschleunigt hat, würdigen muß.

Peter Merseburger: Es gab im übrigen auch Kritik von links in der Sozialdemokratie an dem Papier. Helga Grebing zum Beispiel hat mir einen Artikel zugeschickt, den sie im Vorwärts veröffentlicht hat, in dem sie gesagt hat, in dem Papier stünden nicht genügend unsere „alten sozialdemokratischen Traditionen“ drin. Also, es waren nicht nur Antikommunisten in der SPD, die dagegen Front gemacht haben. Aber ich wollte Erhard Eppler fragen: Sie haben ja dann 1989 in einer Rede zum 17. Juni sehr klare Worte über Ihre früheren Partner gesprochen, also über die SED und ihre Reformunfähigkeit und Reformunwilligkeit. Ist Ihnen da die SPD in dieser Situation, nach Ihrer Meinung, genügend gefolgt, und hat sie Ihnen aufmerksam genug zugehört oder nicht?

Rolf Schneider: Ich glaube, es besteht Einigkeit unter allen Ex-DDR-Teilnehmern hier auf dem Panel darüber, daß die Wirkung dieses Papiers in der DDR außerordentlich war. Daß es außer der Schlußakte von Helsinki kein Papier gegeben hat, das eine solche innenpolitische Brisanz entwickelte wie das SED/SPD-Streitpapier. Ich finde nur, es hat nicht nur das Politbüro der SED vor diesem Papier versagt, sondern auch der Parteivorstand der SPD. Die Offensive im Wettstreit der Systeme ist von ihr nicht eingeklagt worden gegenüber der anderen Seite – außer durch Erhard Eppler. Ich stimme Herrn Weisskirchen zu: Wo ist denn die SPD erschienen bei den Bürgerrechtlern? Ich habe mich damals im Kreis der evangelischen Kirche bewegt. Ich habe viel mit Rainer Eppelmann zusammen unternommen, der immer sagte: Wo bleiben denn Deine linken Leute? Es kommen immer nur CSU und CDU zu uns. Die Konsequenz ist, daß Eppelmann heute für die CDU im Bundestag sitzt. Ich begreife auch nicht, warum die Geschichtsschreibung der Sozialdemokratischen Partei Deutschlands dieses Papier inzwischen verschweigt, als handle es sich um ein häßliches Dokument, dessen man sich schämen müsse [Applaus]. Es ist ein Dokument, auf das sie stolz sein soll, ich kann sie dazu nur ermuntern. Ich habe den Eindruck, daß die von Egon Bahr formulierte Strategie vor 1989 – Wir müssen mit der Parteiführung reden, dort fallen die Entscheidungen, die Dissidenten interessieren uns nicht – ist ein böser, nicht nur moralischer, sondern auch politischer Fehler gewesen.

Erhard Eppler: Zuerst muß man natürlich zugeben, daß die Wirkung insgesamt in der alten Bundesrepublik wesentlich geringer war als in der DDR. Es hat nicht in der Weise eine leidenschaftliche, große Diskussion gegeben. Das zweite ist, es stimmt keineswegs, daß damals alle Konservativen dagegen gewesen wären. Keineswegs. Die „FAZ" hat das Papier Wort für Wort veröffentlicht. Die „FAZ"! Nachdem sie nur darüber geschimpft hatte im Vorfeld, hat sie danach ziemlich respektvoll dieses Papier, das sie selber veröffentlicht hat, kommentiert. Es kam noch etwas dazu: Unmittelbar nach Veröffentlichung dieses Papiers war ja die erste und einzige Diskussion im DDR-Fernsehen, an der ein westdeutscher Politiker teilgenommen hat. Das war ich. Thomas Meyer war noch dabei, sozusagen mehr als Wissenschaftler. Ich habe jetzt gerade wieder einmal, als ich hierher fuhr, mir den Pressespiegel vom 4. September 1989 angesehen, was da in „Die Welt" und anderswo an respektvollen Kommentaren über diese Sendung drin stand. Ich habe nämlich damals im DDR-Fernsehen gesagt, die deutsche Frage sei genauso offen wie die Weltgeschichte überhaupt offen ist, was natürlich nicht gerade Begeisterung hervorgerufen hat. Ich will damit nur sagen, die Konservativen haben keineswegs damals so gebrüllt, wie manche heute gebrüllt haben wollen. Und schließlich: die Sache war ja mit der Veröffentlichung des Papiers nicht zu Ende. Wir haben permanent eingeklagt, öffentlich. Ich will einmal etwas vorlesen aus einem Papier vom 29. 3. 1989, wo die Grundwertekommission sehr vieles sagt, zum Beispiel dies: „Wer Personen verhaftet und bestraft, weil sie an friedlichen Demonstrationen teilgenommen haben, wer Menschen benachteiligt, verfolgt oder bedroht, weil sie in unabhängigen gesellschaftlichen Gruppen am Dialog über die sie betreffenden gesellschaftlichen Angelegenheiten teilnehmen, wer Ausreisewillige diskriminiert und schikaniert, wer Personen an der Einreise auf das eigene Territorium hindert, weil sie unliebsame Kritik geäußert haben, wer die Verbreitung von Zeitungen und anderen Druckmedien zur freien Urteilsfindung erschwert oder verhindert, kann nicht den Anspruch erheben, daß er die offene Diskussion über den Wettbewerb der Systeme, die umfassende Informiertheit der Bürger in Ost und West, den Dialog zwischen allen gesellschaftlichen Organisationen, Institutionen, Kräften und Personen ermöglicht und fördert." Dies aber hat das gemeinsame Papier als Norm einer politischen Streitkultur gefordert.
Das heißt also, daß wir das im Nachhinein eingeklagt haben, hat natürlich auch noch einmal gewirkt. Das lief ja auch über die Medien. Und schließlich bin ich ganz sicher, daß in der DDR, und möglicherweise sind Sie da auch besser informiert als ich, meine Rede zum 17. Juni nicht so stark gewirkt hätte, wenn die Leute nicht gesagt hätten: Das ist doch der, der mit einer Eselsgeduld mit unseren Leuten verhandelt hat. Wenn der schon sagt, mit Euch ist buchstäblich nichts mehr anzufangen – dann fürchten wir, daß es stimmt. Ich will damit nur sagen, man muß den ganzen Dialog bis zu dem Abschluß des 17. Juni ansehen. Wir haben '88 in der Grundwertekommission darüber diskutiert, ob wir die Sache abbrechen. Es war eine Mehrheit dafür, und ich habe das im Präsidium vorgetragen, und das Präsidium war dagegen. Nebenbei auch deshalb, weil die Kirchen in der DDR dagegen waren, und die waren dagegen, weil sie sagten: Wir können uns sonst nicht mehr auf das Papier berufen. Brecht nicht ab. Das haben alle meine kirchlichen Diskussionspartner mir gesagt. Als das dann immer schlimmer wurde, habe ich mit meiner Rede am 17. Juni praktisch auf

eigene Faust den Abbruch vollzogen. Nach dieser Rede hat übrigens Reinhold, wie ich später gehört habe, vor Studenten gesagt, einer der schlimmsten Diversanten sei ich. Das war dann nach dem 17. Juni. Das heißt, das Ganze muß als Versuch gesehen werden, der dann schließlich an der SED gescheitert ist, aber dieses Scheitern hat eben mit dem Scheitern der SED insgesamt zu tun.

Peter Merseburger: Aber vielleicht doch noch meine Frage: Haben Ihnen eigentlich auch alle Freunde in der SPD, die Sie im Bundestag hatten, damals aufmerksam zugehört? Man hatte ja manchmal den Eindruck, daß das nicht ganz so war.

Erhard Eppler: Das war nie so. [Lachen, Applaus]

Peter Merseburger: Gut. Herr Uschner hat sich jetzt gemeldet, und dann möchte ich aber die allgemeine Diskussion eröffnen, damit Sie auch zu Wort kommen können und Fragen stellen können und Beiträge zur Diskussion leisten können. Herr Uschner!

Manfred Uschner: Rolf Schneider hat Egon Bahr und seine Rolle erwähnt. Erst vorgestern wurde ihm im Willy-Brandt-Haus in Berlin bei einer Podiumsdiskussion erneut der Vorwurf gemacht, zu lange und zu weitgehend mit der SED verhandelt und die sich im Sommer 1989 hier und dort verstärkt entwickelnde Bürgerbewegung der DDR unterschätzt zu haben.
Nun, das letzte Gespräch zwischen Egon Bahr und Axen, dem ich beiwohnen durfte, nämlich am 17. Februar 1989, war keineswegs abrüstungspolitischen Fragen gewidmet. Es war vielmehr eine einzige Anklage Bahrs gegen die Innenpolitik der DDR. Bahr drohte mit harschen Worten, daß die SPD die Beziehungen zur SED abbrechen würde, wenn das Vorgehen gegen oppositionelle Kräfte in der DDR anhalte und die DDR entgegen eingegangenen Verpflichtungen Barrieren gegen eine Reformpolitik errichte. Axen reagierte passiv. Er verwies allerdings darauf, daß man ihm viele Berichte der *Stasi* über die „subversiven Kontakte" der SPD-Politiker Weisskirchen, Duwe, Büchner und vieler anderer vorgelegt habe, um ihm klar-

zumachen, daß die SPD in Wirklichkeit die Abschaffung der DDR wolle. Eine Unterbindung dieser Kontakte habe er immer mit Hinweis auf die Abrüstungsgespräche mit der SPD verhindern können.
Meinen Aktenvermerk über dieses Gespräch ließ Axen vernichten. Er fertigte einen eigenen, anders gefärbten an.
Egon Bahr hat vorgestern im Willy-Brandt-Haus in der Podiumsdiskussion mit Fichter und Hilsberg erneut, wie auch in seinen Memoiren, betont, daß er in der Öffentlichkeit damals auf vieles achten mußte. Immer mußte er die unumstößliche Tatsache beachten, daß in Sachen deutsche Einheit der Schlüssel letztendlich in Moskau lag.
Egon Bahr hatte übrigens die gleichen und natürlich auch höhere Gesprächspartner in Moskau und Washington, wie ich sie hatte. Im Mai 1988 hatten namhafte Leute der US-Administration mir in Washington gesagt: In rund 40 Tagen nach dem 40. Jahrestag der DDR ist es mit der DDR aus. Aber hoffentlich macht keiner Dummheiten, etwa, indem er die Mauer zu früh öffnet. Wir dürfen keinen militärischen Konflikt in der DDR zulassen, weil er außer Kontrolle geraten kann. Wir haben zu vielen Leuten Kontakte und reden über die Lage natürlich auch mit Moskau. Helfen Sie mit, daß im Zusammenwirken verschiedenster Kräfte alles friedlich verläuft! (Über dieses Gespräch habe ich Egon Bahr im September 1988 in Stockholm ausführlich informiert.)
Der deutsche Bundeskanzler hat am 4. November 1993 vor der Enquete-Kommission des Deutschen Bundestags die entscheidende Rolle der veränderten weltpolitischen Situation und der „günstigen historischen Stunde“ hervorgehoben, die man entschlossen genutzt habe. Wäre in der Nacht der Maueröffnung auch nur ein Schuß gefallen, wäre am nächsten Tage die Lage am Checkpoint Charlie in der Berliner Friedrichstraße die alte gewesen. In diesem Zusammenhang habe er inzwischen auch sehr „integre SED-Leute“ kennengelernt.

Peter Merseburger: Ja. Und jetzt möchte ich die Diskussion für alle eröffnen und bitte um Wortmeldungen.

Diskussion zwischen Publikum und Podium

Frage: Frage an Herrn Uschner. Ich halte das für wichtig, was sie über die Dinge sagten, die in Moskau und Washington gelaufen sind. Könnten Sie das präzisieren? Da kommt ja etwas ganz Spannendes hoch!

Peter Merseburger: Herr Uschner bitte.

Manfred Uschner: Im April 1986, noch während Gorbatschow seine Diskussionsrede auf dem letzten, den XI. Parteitag der SED im Palast der Republik hielt, in der 13 Ohrfeigen für die SED-Führung versteckt waren, hatte ich nach Moskau zu fahren, um dort mit dem Gorbatschow-Vertrauten Professor Sagladin etwas zum atomwaffenfreien Korridor abzustimmen. Dabei kam es zu einem völlig offenen Gespräch über die wahre Lage in der DDR und in der SED. Es gab völlige Übereinstimmung. Danach wurde eine vertrauliche Kontaktlinie aufgebaut, die bis März 1990 bestand. Beim Aufenthalt 1988 in den USA konnte ich feststellen, daß die Leute des State Departments und des CIA gut über diese Kontakte und mein Tun informiert waren. Sie sagten mir: Der Countdown läuft!
Auch nach meinem Rausschmiß im Februar 1989 hielt man Kontakt zu mir. Aus langen Gesprächen und den Fernsehberichterstattungen sowie Informationen guter Freunde konnte ich entnehmen, daß der Countdown tatsächlich ablief und die Vorentscheidungen bereits im Sommer 1989 fallen würden.

Es war dann auch so, wie alle maßgeblichen Historiker feststellen. Dabei spielte der Zustand der SED, der NVA usw. eine große Rolle, und darüber haben wir schon im Zusammenhang mit dem SED/SPD-Papier gesprochen. Die SED war in einem Zustand der Paralyse und Unschlüssigkeit.

Peter Merseburger: O.K. Ich hoffe, Herr Uschner hat das klar gestellt, obwohl man auch nicht überschätzen darf, was Kreise des CIA und Mitarbeiter des Außenministeriums manchmal in solchen Gesprächen sagten. Was sie meinen, ist noch lange nicht offizielle Politik. Und die offizielle Politik der Amerikaner in dieser Sache wurde erst ein bißchen später in dieser Richtung aktiv, die Sie andeuten. Aber, ich will niemanden von Wortmeldungen abhalten.

Frage (Heidrun Hankammer): Ich wollte als erstes Ihnen allen einmal danken für diese historische Genauigkeit und Redlichkeit, mit der Sie gesprochen haben [Applaus]. Ich kenne dieses Papier nicht, und ich kam sehr unvorbereitet. Ich hatte nur meine Ohren und meine Augen gespannt, und ich kann sagen, ich wünsche mir das für jede Talkshow. Ich glaube, ich würde dann anfangen, fernzusehen oder politische Diskussionen genauer zu verfolgen. Was mich am meisten bewegt hat, war die Lebendigkeit, mit der Sie, Herr Eppler, und Sie, Herr Reißig, auftraten und Sie, Herr Reißig, sogar mit der Begeisterung noch, die jetzt wieder auflebte, mit der Sie selbst, so hatte ich den Eindruck, Ihren Weg gegangen sind. Und dabei ziemlich viel von dem mitgenommen haben, was dann in Bewegung kam. Was mich berührt hat, war, daß es Ihr Weg war. Keine Auftragsarbeit sozusagen. Ich habe deswegen eine Frage an Sie beide: Kann es sein, daß der Geist, der 1988 in der SED-Führung herrschte, der Geist eines Berührungstabus, einer Angst, und trotzdem zu wissen, daß man sich in das Unvermeidliche zu fügen hat, wenn man Schadensbegrenzung machen will, kann es sein, daß es diese Berührungsängste heute auch im Westen gibt, in einem ebenfalls erstarrendem System? Macht sich das vielleicht auch in den Berührungsängsten gegenüber der PDS bemerkbar?

Peter Merseburger: Ja, das hieße dann: Vorwärts und nicht vergessen, von der SED zur PDS, also SPD und PDS. Die Frage ist: Wollen Sie gleich darauf antworten, oder wollen wir so verfahren, daß wir ein paar Fragen sammeln? – Die Meinung scheint zu sein: Bitte gleich. Also Herr Eppler und dann Herr Reißig.

Erhard Eppler: Ja, ich muß das jetzt doch verbinden mit dem, was wir bisher gesprochen haben. Es gab für mich einen Grund, auf diese Gespräche – das hat mit dem Papier zuerst mal nichts zu tun – einzugehen, von dem ich bisher noch nicht gesprochen habe, von dem ich überhaupt selten gesprochen habe. – Ich bin Mitte der 80er Jahre zu der Überzeugung gekommen, daß der Kommunismus im Osten zerbröckelt. Ich hatte natürlich keine Ahnung, wie schnell das geht, aber ich spürte, da zerbröckelt etwas. Ich hatte ihn immer für viel schwächer gehalten als die Propaganda, aber jetzt hatte ich das Gefühl, er zerbröckelt. Und ich war – das hängt vielleicht auch mit meiner geistesgeschichtlichen Ausbildung zusammen – immer der Meinung, der Marx war ja ein typischer Europäer, verwurzelt in der deutschen, französischen, englischen Kultur, ein Schüler meines schwäbischen Landsmanns Hegel – was ich ihm natürlich besonders hoch anrechne -, und ich habe das, was 1917 geschehen ist, immer als eine Sezession, eine für die europäische Geschichte schlimme Sezession verstanden, die ich aber nie für ewig hielt. Ich glaubte, es kommt der Zeitpunkt, vielleicht noch in diesem Jahrhundert, wo es um die Reintegration dieses Teils des Marxismus in die übrige europäische Diskussion und Kultur gehen wird. Ich weiß nicht, ob Sie mich richtig verstehen. Und ich hatte das Gefühl, Herr Reißig, daß es mindestens unter Ihnen ein paar gab, die auch aus ihrem Ghetto heraus wollten, ihren Kontakt nicht nur nach Westdeutschland, sondern überhaupt zum

Westen, zur lebendigeren europäischen Diskussion und Kultur suchten. So. Und darum habe ich vor allem den 9. Oktober 1989 und das, was dann folgte, mit einer unvorstellbaren Dankbarkeit dafür erlebt, daß das alles unblutig über die Bühne ging. Meine Damen und Herren, wir nehmen das heute als selbstverständlich, obwohl vier Wochen vorher keiner es noch für möglich gehalten hätte. Und wir haben das dann nachher kassiert als etwas, was uns eben zusteht. Und dann haben wir angefangen, Richter zu spielen, nachdem wir überhaupt nicht mehr gefragt haben, wodurch dieses Wunder eigentlich zustande gekommen ist. Jedenfalls hat man dann nachher alle die madig gemacht, die für dieses Wunder etwas getan haben. [Applaus] Und ich bin persönlich überzeugt, wenn es nur eine Bewegung gegen die SED und nicht auch dazu hin noch eine innerhalb der SED gegeben hätte, dann hätte es gekracht. Und nun bin ich also bis heute glücklich darüber, daß das alles ohne Blutvergießen möglich war. Einer der großen Glücksfälle der deutschen Geschichte oder Glücksfälle der deutschen Geschichte – und davon gibt es ja so schrecklich viele leider nicht. Ich habe damals gedacht: das erleichtert auch das, worum es mir immer schon gegangen war, nämlich die Reintegration dieses Teils des Marxismus in die übrige europäische Kultur. Auch in die deutsche. Und damit natürlich auch in das politische Leben. Und nun bitte ich die Vertreter der PDS, mir das folgende nicht übel zu nehmen: Ich bin heute noch der Meinung, daß die Gründung der PDS und die Art der Gründung, nämlich als Nachfolgeorganisation, nicht als Neugründung, diese von mir für nötig gehaltene Reintegration nicht erleichtert, sondern erschwert hat. [Applaus] Es ist leichter, Individuen mit einer ganz bestimmten Vergangenheit in eine Gesellschaft zu reintegrieren als eine große Partei. Ich habe gesagt: Es ist leichter. Ich behaupte nicht, daß es bei einer Partei unmöglich wäre, Herr Bisky. Ich sage nur, es ist wesentlich schwerer. Und wir schlagen uns jetzt mit der Schwierigkeit herum, daß wir es mit einer Partei zu tun haben, die in ihrem Erscheinungsbild in vielem dem entspricht, was bei uns in der alten Bundesrepublik auch bei Parteien üblich war, die gleichzeitig aber eine Tradition hochhält, die ganz offenkundig eine – in unserem Sinne – nichtdemokratische Tradition war, und die natürlich auch noch Spuren dieser nichtdemokratischen Tradition auch personell mit sich herumträgt. Damit schlagen wir uns jetzt herum. Ich will ja niemandem einen Vorwurf machen, daß er diese Partei gegründet hat, vielleicht war es auch eine Art von Notwehrreaktion – das war es auch -, daß man nicht alleine dasteht. Ich verstehe das schon. Nur, Sie müssen verstehen, daß dadurch dieser Prozeß schwieriger geworden ist. Ich kann mir vorstellen, daß es auch gelingt, eines Tages die PDS als Ganzes in diese Gesellschaft, in diesen Staat und diese politische Kultur zu integrieren. Das halte ich nicht für unmöglich, obwohl die Art, wie sie entstanden ist, dies schwierig macht. Es hätte ja auch sein können, man löst sich auf und gründet etwas ganz Neues, das wäre etwas völlig anderes gewesen. Ich meine allerdings, daß dies nun nicht nur eine Frage an die übrigen Parteien ist, die ja in Parteikonkurrenz stehen, sondern es ist auch eine Frage an die PDS selber. Und ich glaube, daß die PDS selber noch nicht alles getan hat, was da zu tun ist, und daß in dem Augenblick, wo ich das Gefühl habe, sie hat das getan, werde ich das auch anderen Parteien sagen, daß sie nun das ihre zu tun haben. [Applaus]

Peter Merseburger: Herr Reißig fühlt sich erst einmal nicht so sehr angesprochen und meint, Herr Bisky sollte antworten. Ich finde, er hat völlig recht. Herr Bisky, bitte. Wenn's geht, kurz.

Lothar Bisky: Naja, Herr Eppler wird sich wundern, daß ich ihm nicht zustimmen kann. Aber, wissen Sie, ich verstehe, daß Leute, die die Ostgeschichte so nicht kennen, Schwierigkeiten haben, die PDS zu verstehen. Ich verstehe, daß mit der anderen Tradition in den alten Bundesländern, man mit diesem Fremdkörper PDS, der aus dem Osten kommt und auch noch mit solcher Geschichte, Schwierigkeiten hat. Das verstehe ich wohl. Ich billige es nicht. Denn die PDS kann ja tun und lassen, was sie will, sie wird immer in gleichen Deutungsmustern wahrgenommen. Im Osten, wo man uns kennt, werden wir anders wahrgenommen. Ich will darauf nur hinweisen. Eine Sache kann ich ja nicht aus der Welt wischen: wir sind Nachfolge, das haben wir gesagt, und ich stehe dazu, und ich halte das für ehrlicher als den anderen Weg, einen neuen Namen anzunehmen und so zu tun, als hätte es uns vorher nicht gegeben. Dies ist ein schwierigerer Weg. Das weiß ich. Aber ich hätte den anderen Weg nicht machen können. Ich will mit der Geschichte leben und die meisten aus der PDS wohl auch. Obwohl es schwer ist. Ich will mich nicht verstecken, und ich denke auch, die PDS hat dies nicht nötig. Was sie deutlich machen muß, ist, daß sie die Lehren gezogen hat. Daß das, was Repression war, daß das, was undemokratisch war usw., daß das mit ihr nie wieder zu machen sein wird. Das muß sie mit aller Deutlichkeit sagen. Ich denke, das hat sie auch gesagt. Ansonsten hat auch der letzte Parteitag gezeigt, daß es eine Legende ist zu behaupten, da sind ein paar akzeptable Vorturner, und dann kommt eine Mitgliedschaft, die ganz schrecklich ist. Wir haben für alles Riesenmehrheiten bekommen. Für alle Sachen. Und insofern wäre mir etwas wohler, wenn man die PDS sachlich zur Kenntnis nimmt, sich mit ihr auseinandersetzt, um die Sachen selber streitet, aber nicht so sehr mit diesen Klischees über PDS hantiert. Und die Klischees über PDS sind sehr schwer zu bekämpfen. Aber, ich sage das auch, obwohl wir von daher kommen, von der SED, und obwohl wir dazu stehen, daß niemand, der sich mit der PDS ernsthaft beschäftigt, auf den Gedanken kommen wird, daß noch einmal eine SED aus dieser PDS hervorgehen könnte. Das ist unumkehrbar geworden. Und alle, die wissen, wie wir Politik betreiben, wissen auch, daß das undenkbar ist. Vielleicht wird man in ein paar Jahren später die PDS auch etwas normaler ansehen. Hier im Osten ist die Meinung bei vielen gekippt, auch bei denen, die uns nicht

mehr wählen. Sie sagen: Ihr seid wenigstens ehrlich geblieben, Ihr seid Adresse geblieben. Das ist im Osten schon teilweise deutlich verändert. Anfangs war es sehr schwer. Aber es wird auch honoriert, daß wir nicht so tun, als wären wir nun völlig neu, als hätten auch wir – oder selbst wir – mit der DDR- und SED-Geschichte nichts zu tun. Der Weg bleibt schwer, Herr Merseburger, aber ich bin auch ganz optimistisch, daß andere Parteien ein anderes Verhältnis zu uns finden. Das können wir ja nicht beschließen, sonst wär' es ja einfach. Andere Parteien debattieren erstaunlich offener über die PDS. Das normalisiert sich etwas schneller, als man vermutet hatte. Jedenfalls schneller, als ich es vermutet hatte.

Peter Merseburger: Danke. Wir lassen das jetzt erst mal so stehen. Herr Reißig wollte ganz kurz drei Sätze sagen, damit er nicht den Eindruck hervorruft, daß er vor Ihnen kneift, und dann kommt Tilman Fichter. Bitte.

Rolf Reißig: Die Frage war ja nicht nur auf die PDS bezogen. Sie war ja noch etwas übergreifender, und dazu würde ich mich schon ganz gern äußern. – Wir stehen zu dem, was wir getan haben, auch zu den Schwächen, die wir gar nicht im einzelnen hier besprechen. Als wir den Dialog versuchten, mit dem Papier begannen, hatte sich schon ein eigener Reformdiskurs in der SED und Teilen der Sozialwissenschaften entwickelt, der doch ziemlich konsistent wurde. Aber wir stehen auch dazu, daß wir, als es bei der Luxemburg-Liebknecht-Demonstration die Verhaftungen gab, nicht aufgeschrien haben, zwar intern kritisch debattierten, aber nicht sozusagen öffentlich bekundeten und gesagt haben: Das nicht! Nicht mit uns. Da gibt es schon ein Versagen der Reformsozialisten. Das will ich erst einmal sagen, weil wir es bislang nie so richtig thematisierten. Dennoch verweise ich auch darauf, daß bis zuletzt reformorientierte Kräfte in der SED aktiv wurden und sich für den friedlichen Umbruch engagierten, wie Herr Eppler feststellte. Das Dialog-Papier hat deshalb nicht versagt, weil es auch nichtintendierte Wirkungen freisetzte, also nicht nur bewußt gewollte. Die Mehrheit der SED-Mitglieder, die nicht engagiert auf Reformkurs ging, war dennoch nicht mehr bereit, auf Gewalt zu setzen, oder war nicht mehr für die Führung mobilisierbar. Ich halte das für wichtig, weil dies den friedlichen Übergang *mit* sicherte. Das Papier spielte da schon noch eine Rolle, wenn auch mehr indirekt.
Zum anderen könnten schon Bezüge zwischen manchem, was in diesem Papier steht, und der heutigen Bundesrepublik hergestellt werden. Wir haben der DDR zu Recht Reformunfähigkeit vorgeworfen. Ich sehe aber heute in der Bundesrepublik auch eine Reformblockade großen Ausmaßes [Applaus]. Ich sehe Bemühungen einzelner Kräfte aus den alten Eliten der Bundesrepublik, ein neues Feindbild zu schaffen, weil sie ohne Feindbild offensichtlich nicht ihre politischen Ziele so durchsetzen können. Und Reformsozialisten, die bis zuletzt sich hier so oder so die Nase eingeschlagen haben, haben keine wirkliche Chance bekommen, in dieser Bundesrepublik wirksam zu werden. Auch beruflich wurden sie ins Abseits gedrängt, gerade im sozialwissenschaftlichen Bereich. Das gehört m. E. schon zu den Defiziten, zu den Deformationen, die man natürlich, gerade wenn man so eine Biographie hat, auch wahrnehmen muß. Nun kann ich darüber nicht jammern. Ich komme aus dieser SED, ich komme aus dieser DDR – die sind untergegangen, und da kann man jetzt nicht irgendwelche großen Erwartungen hegen. Da muß man versuchen, seine Position auch neu zu finden, seine Biographie zu verorten und sich kritisch und gesellschaftskritisch einzubringen und zu engagieren. Dennoch: Ich würde nicht auf die Idee kommen, die DDR mit der gesamtdeutschen Bundesrepublik deswegen gleichzusetzen, zu identifizieren. Das sind zwei verschiedene, grundlegend unterschiedliche Systeme, unterschiedliche Lebenswelten. Meine Kritik an der Bundesrepublik geht nicht von der alten DDR aus, vom Ansatz einer Rekonstruktion dessen,

was historisch überlebt und schließlich zu Recht zusammengebrochen ist. Dazu würde mich niemand mehr bekommen. Und gerade von einer solchen Position aus, glaube ich, haben auch Kräfte der demokratischen Linken, Reformkräfte, wie immer wir sie bezeichnen wollen, wenn sie sich auf der Basis von Grundgesetz, Rechtsstaatlichkeit, Demokratie, Markt in seiner gesellschaftlichen Einbettung bewegen, ein Recht, eine Pflicht und vielleicht doch auch eine Chance, sich hier politisch einzumischen. [Applaus]

Frage (Tilman Fichter): Wir müssen bei der Wirkungsgeschichte des Papiers davon ausgehen – das hat, glaube ich, auch die Diskussion heute hier gezeigt –, daß das Papier völlig unterschiedliche Wirkung gehabt hat in der DDR im Vergleich zur Bundesrepublik. Ich, als alter linker Antikommunist, habe es damals nicht für möglich gehalten, daß das Papier so viel Unruhe in die SED reintragen wird, wie es das Papier dann getan hat. Insofern ist die Funktion des Papiers in der DDR – sag ich mal, von meiner Position her – nachträglich sehr positiv zu bewerten. Ich glaube, daß Gruppen, wie die Truppe um Klein und Brie, moderne Sozialisten, überhaupt erst den Mumm bekommen haben, sich hinzusetzen und ihre Ideen aufzuschreiben, nachdem dieses Papier veröffentlicht worden ist. Da hab ich auch was gelernt hier auf der Veranstaltung und würde da auch meine Position von 1992 revidieren. Ich glaube aber, daß die Wirkungsgeschichte in der Bundesrepublik eine völlig andere ist. Genosse Eppler hat das schon angesprochen. In erster Linie fällt ein großes Desinteresse auf. Und dieses Desinteresse an diesem Papier in der Bundesrepublik erklärt vielleicht auch ein bißchen das gefährliche Desinteresse an dem, was in Deutschland passiert seit 1989. Es ist wirklich so, daß in Bonn ein großer Teil der politischen Klasse, und zwar quer durch alle Parteien, sich für das, was hier passiert so interessiert, wie für Reformbewegungen

Tilman Fichter: Position von 1992 revidiert

in Kasachstan, nämlich überhaupt nicht. [Applaus] Es ist kein Thema! Ich kann es wirklich nur als jemand, der sich zigmal den Kopf eingerannt hat in Bonn, immer wieder in Berlin sagen: man kann in Bonn im Moment keine sachliche, interessengeleitete Debatte über das Nichtzusammenwachsen Deutschlands führen. Weil es einfach nicht interessiert. Die Leute sind sich im Westen genug. Es interessiert einfach nicht. Ich würde das auch nicht so aufladen und jetzt sagen: hier sind der Kapitalismus oder alte Eliten, wie Reißig das jetzt getan hat, sondern es ist wirklich so, daß in Deutschland viel stärker, als ich das je gedacht habe, diese zwei Teilgesellschaften auseinandergedriftet sind in den 40 Jahren, und daß wahrscheinlich die SPD, die ja die einzige Partei war, die unter Ollenhauer und Schumacher dagegen gekämpft hat, letztlich halt zerrieben worden ist zwischen der Politik von Ulbricht und Adenauer. Und daß sich wirklich diese zwei Teilstaaten und Teilgesellschaften so auseinandergelebt haben, daß wir einkalkulieren müssen, daß die Einheit Deutschlands ein Langzeitprojekt ist. Und auch das Verhältnis zur PDS ist natürlich ein Unterkapitel in diesem Langzeitprojekt – wachsen wir zusammen oder wachsen wir nicht zusammen? Das ist der eine Teil.

Jetzt gibt es aber noch eine sehr unangenehme Auswirkung dieses Papiers, und das würde ich ganz gerne mit dem Genossen Eppler diskutieren. Nämlich, ob dieses Papier in der Enkelgeneration der Führung der SPD nicht auch Illusionen über die Reformfähigkeit der SED und der DDR geweckt hat. Ich kann mir anders das Versagen, nicht der gesamten Führung, aber eines großen Teils der Führung 1989/90 in unserer Partei überhaupt nicht erklären. Die Leute haben wirklich, Genosse Eppler, an das Papier geglaubt und haben gedacht, naja, diese Demonstration in Leipzig, man hat ja am Anfang gar nicht gewußt in Bonn, ob man das wirklich ernst nehmen soll. Diese Demonstration da von Bürgerrechtlern mit dem Zitat von Rosa Luxemburg – ist das wirklich ernst zu nehmen? Sind nicht die Reformkräfte in der SED viel wichtiger? Und diese Illusion in der West-SPD, Steffen Reiche, Du kannst ja darüber berichten, welche Schwierigkeiten Du hattest, als Du das erste Mal in Bonn aufgekreuzt bist, war ja nicht so, daß da alle Leute Dir sofort die Tür aufgemacht haben, die hängt meines Erachtens damit zusammen, daß in diesem Papier, Genosse Eppler, die SPD eben nicht doch ein bißchen von dem gesprochen hat, was Du jetzt gerade zitiert hast, was seit den 80er Jahren Dich umgetrieben hat – daß nämlich der Kommunismus wahrscheinlich nicht reformfähig ist und – ich habe es mir aufgeschrieben -, sondern zerbröckelt. Davon steht natürlich in diesem Papier nicht mal – sage ich mal – in Nebensätzen etwas. Aber insofern hat das Papier eben doch Illusionen in der politischen Klasse in Bonn über die Reformfähigkeit der DDR und die Existenz von zwei deutschen Staaten geweckt. Insofern würde ich sagen, sehr positive Wirkung im Osten, eine teilweise gefährliche Wirkung im Westen.

Erhard Eppler: Das ist nun ganz wichtig. Ich glaube, es hat in der Grundwertekommission der SPD, in der zum Beispiel so ein Mann wie Richard Löwenthal mein Stellvertreter im Vorsitz war, – viele wissen, wer Richard Löwenthal war: er war ein Antikommunist vom Scheitel bis zur Sohle, war ja mal Kommunist gewesen und hatte sich in den 20er Jahren vom Kommunismus abgewandt -, daß wir schon eine Diskussion hatten darüber, ob der Kommunismus reformfähig ist. Deshalb will ich jetzt einmal vorlesen, wie das wirklich im Papier steht: „Keine Seite darf der anderen die Existenzberechtigung absprechen ... Unsere Hoffnung kann sich nicht darauf richten, daß ein System das andere abschafft." (gewissermaßen von außen!) „Sie richtet sich darauf, daß beide Systeme reformfähig sind und der Wettbewerb der Systeme den Willen zur Reform auf beiden Seiten stärkt." – In der Grundwertekommission war die Meinung zum Thema Reformfähigkeit etwa so: Ganz gleich, ob die wirklich reformfähig sind oder nicht, alles, was geschieht, muß von innen kommen und kann nicht von außen kommen. Das steckt hinter diesem: „Keiner kann den anderen abschaffen." Und ich habe ja dann am 17. Juni gesagt: „Und heute würde ich hinzufügen: keiner kann den anderen dran hindern, sich selbst zu ruinieren." Ich wollte damit sagen, ob Reform oder nicht Reform, Reform oder Ruin, es muß immer von innen ausgehen, keiner kann in einer hochgerüsteten Welt, wo die Atomwaffen auf beiden Seiten stehen, versuchen, dem anderen irgendetwas aufzuzwingen. Das ist der Sinn dieser Passagen gewesen. Im übrigen lesen Sie einmal jetzt die deutschen Zeitungen, die westdeutschen Zeitungen seit 1985/86 bis 1990, da wurden doch immer nur die Reformen im Ostblock, in der Sowjetunion, entweder gefordert oder gefeiert. Es ist ganz selten einmal ein Kommentar drin, der sagt: Wird es überhaupt gelingen? Oder kracht das dabei zusammen? Daß dort Reformen stattfinden müssen, war eigentlich absoluter Konsens in der westdeutschen Öffentlichkeit. Und erst nachdem der Zusammenbruch gekommen ist, sind alle gescheiter gewesen.

Peter Merseburger: Aber ich weiß nicht, ob das die richtige Antwort auf Tilman Fichters Frage war? – Sind Sie damit zufrieden?

Tilmann Fichter: Ja.

Peter Merseburger: Gut. Sie stehen schon lange da.

Frage: Ich komme aus Berlin-Treptow und habe dort die SDP gegründet. Ich kann mich erinnern, daß dieses Dokument damals hilfreich war für uns. Ich war damals Naturwissenschaftler an der Akademie der Wissenschaften. Wir haben damals viele Diskussionen geführt, auch mit Parteigenossen. Dabei konnten wir das Dokument sehr gut benutzen.
Was mich allerdings wundert ist, daß nach der Abkehr der SED-Spitze von diesem Papier keine Austrittswelle in der SED einsetzte. Also, ich habe das jedenfalls nicht erlebt. Hier wurde das ein bißchen so dargestellt, als habe die Elite an der Wende mitgearbeitet und sich hinter sie gestellt. Ich möchte auch diese letzte Bemerkung von Herrn Uschner doch etwas zurückweisen, als habe man keine Demonstration in der DDR gebraucht, CIA und KGB hatten ja alles schon in der Hand. Ich habe damals demonstriert von der Gethsemane-Kirche zum Staatsrat, und keiner hat mir gesagt, daß ich da langzulaufen habe. Ich glaube, man sollte sich ein bißchen an das Kausalitätsprinzip in der Physik halten: Nachher kann man immer alles anders erklären.

Peter Merseburger: Ich schlage vor, wir sammeln jetzt Fragen und beantworten sie hinterher.

Frage: Ich gehöre auch zu den Mitbegründern der SDP hier in Berlin (Ost). Meine Frage an Erhard Eppler: Welchen Stellenwert hatte dieses Papier damals tatsächlich im Bundesvorstand? Nun ist man ja fast zehn Jahre selber Mitglied der SPD, und man weiß, daß es da auch Flügelkämpfe gibt, daß die einen das eine, die anderen das andere wollen. Aber darum geht es mir nicht. Es geht mir um folgendes: Nachdem die SDP in Ostdeutschland gegründet war, kamen ja Steffen Reiche und andere, Stefan Hilsberg, und es gibt Dokumente, die belegen, daß man denen erst mal empfohlen hat, vielleicht in die FDJ oder in die SED einzutreten. Und erst später hat sich die SPD dahin entschlossen, plötzlich dieser neuen SDP im Osten, wo ja auch sehr viele Bürgerrechtler sich erst mal organisierten, mehr Aufmerksamkeit zu schenken und dann vielleicht zu viel. Also ich bin der Meinung, daß die PDS in diese Rolle reingekommen ist, in der sie heute ist, das ist auch ein Versagen der SPD. Das will ich hier mal ganz deutlich sagen. Ich kann es einfach nicht verstehen, weshalb so ein Papier nicht stärker von der SPD genutzt wurde. Also ich war zu DDR-Zeiten nicht SED-Mitglied, aber zumindest hatte man ja doch die Hoffnung, nachdem Gorbatschow so abgebügelt wurde, daß doch vielleicht wieder etwas passieren könnte, daß die SED sich reformieren würde... Euch muß doch klar gewesen sein, daß es Reformsozialisten gibt in der SED, daß es Leute gibt, die auch theoretisch arbeiten, Leute, die sozialdemokratische Traditionen pflegen und an diesen anknüpfen – weshalb habt Ihr nicht dafür gesorgt, daß diese Leute dann sich auch zur SPD im Osten hingezogen fühlten? Diesen Vorwurf kann ich Euch nicht ersparen. Und da wird heute darüber geredet, daß die PDS ja mal sicherlich in dieses System eingebunden wird. Sie ist längst drin in diesem System; in Ostdeutschland ist sie eine nicht wegzudenkende politische Kraft. Und wir erwarten, daß sich dazu die SPD äußert – anders als bisher. Anders!

Peter Merseburger: Dazu würde ich doch auch gerne gleich Herrn Steffen Reiche hören, der auch schon von Tilman Fichter angesprochen worden war.

Steffen Reiche: Ich denke auch, daß die SPD stärker hätte einklagen müssen, daß dieses Papier umgesetzt wird, stärker, als das geschehen ist. Es ist an einigen Stellen geschehen. Es ist aber für uns zu wenig erlebbar gewesen. Ihr habt Euch abgewandt. Das hat Erhard Eppler gesagt, aber Ihr habt Euch niemandem neu zugewandt. Das ist nicht passiert. Also, daß man gemerkt hätte, hier gibt es jetzt einen neuen Gesprächspartner. Und es stimmt auch, was eben gesagt worden ist, daß bis in den Herbst 1989 hinein, auch als ich damals im Oktober in der Bundesrepublik gewesen bin, eigentlich noch viele gesagt haben: das ist doch jetzt die große Chance, in die SED einzutreten und von innen diesen Reformkurs zu bestärken und die SED von innen zu verändern. Der große Bruch ist eigentlich dann aber auch im Parteivorstand, und zwar am 22. Oktober, gekommen und für uns als Ostsozialdemokraten dann auch wieder in einer überraschenden Deutlichkeit. Da hat nämlich Egon Bahr nach einer Präsidiumssitzung die Präferenz der Kontakte der SPD zur SDP zugesagt. Ich war damals durch Zufälle, die jetzt nicht näher zu beschreiben sind, in diese Präsidiumssitzung eingeladen worden, habe da eine Viertelstunde, 20 Minuten gesprochen über das, was wir wollen, was wir gemacht haben, und am Abend war ich dann von Hans-Jochen Vogel gebeten worden: Triff Dich noch mal mit Egon Bahr im Tulpenfeld. Und da hat er an diesem Abend im Auftrag des Präsidiums am 22. Oktober zugesagt, daß es ab diesem Tag eine Präferenz der Kontakte von der SPD zur SDP geben würde, daß man also sozusagen den Partner gewechselt habe. Und das ist dann durch eine ganz breite Kommunikation, auch durch viele Leute aus dem Vorstand, so mitgetragen worden, d.h., da ist innerhalb – Tilman Fichter kann sich ja erinnern, über den ganzen Prozeß – von ein, zwei Wochen die Situation genutzt worden, und man hat eine – nein, nicht völlige Kehrtwendung – aber doch schon eine relativ deutliche und klare Kehrtwendung gemacht. Ich will, weil ich gerade rede, Erhard Eppler an einer Stelle noch widersprechen, nämlich an der Stelle, wo gesagt worden ist, die Integration der kommunistischen Bewegung über die PDS und wegen der PDS wäre schwerer geworden. Das würde ich bestätigen. Aber, es geht ja gar nicht bei der PDS heute um Kommunisten, sondern da geht es in den besseren Teilen, das sind ganz wenige, um engagierte Sozialdemokraten, teilweise engagierter als in der SPD, und bei dem Rest geht es um die Leute, die Du ganz kurz und zu recht verletzend beschrieben hast als die, die noch ein bißchen zusammenstehen wollen. Die brauchen wir nicht. Und dieses Problem hat sich vermutlich auch mit einer gewissen Zeitlichkeit dann auch erledigt. Aber insofern denke ich, gelingt es eben über die PDS gerade nicht, diese kommunistische Bewegung zu integrieren. Und deshalb halte ich es auch nicht für wünschenswert, daß die PDS in Gesamtdeutschland integriert wird, was, glaube ich, auch gar nicht gelingen wird.

Peter Merseburger: Ich möchte hier nur zur Klarstellung, vielleicht als Denkansatz sagen, daß sich die PDS-Leute selber nicht als Sozialdemokraten, sondern als Sozialisten definieren würden, und daß man über die

Definition mal nachdenken sollte. Unter Umständen haben ja einige Ostsozialdemokraten auch noch Schwierigkeiten im Umgang mit dem, was eigentlich Sozialdemokratie ist. Das frage ich mich nur. – Aber eigentlich müßte Erhard Eppler antworten, denn es geht im Grunde um die Frage der Wirkung des Streitpapiers im Westen – hat dieses Streitpapier dazu geführt, daß die SPD länger als ihr selber gut getan hat, den einzigen Partner im Osten in der SED erblickt hat? Das war im Kern die Frage.

Erhard Eppler: Also zuerst einmal, dieses Papier ist im Parteivorstand seinerzeit ohne Gegenstimmen verabschiedet worden. Im Parteivorstand. In der Fraktion gab es Widerstand. Im Parteivorstand und Parteipräsidium gab es dies nicht, übrigens auch nicht im Parteirat, soweit ich mich entsinnen kann. [Einwurf] Ja, aber er hat auch zugestimmt. Wobei übrigens die Kritik von links lautete: Ihr seid ja in diesem Papier nicht die Sprecher einer anderen Form von Sozialismus, sondern Ihr geriert Euch als Sprecher der westlichen Demokratie. Das haben wir aber ganz bewußt gemacht. Das war unsere bewußte Entscheidung. Das hat übrigens die CDU auch nicht verstanden. Ich habe ihr immer gesagt: Leute, im Grunde könntet Ihr genau dasselbe machen. Es gab in der CDU Leute, die sagten : Ja, wir müßten das machen, und manche zum Beispiel haben gesagt, schade, daß wir so was nicht zustande bringen. Das gab's da zum Beispiel in Baden-Württemberg, ich will keinen Namen nennen. Ich bin am 1. April 1989 freiwillig aus dem Präsidium ausgeschieden; über die Gründe will ich jetzt nicht reden, so daß ich diese Dinge, von denen Steffen Reiche jetzt gesprochen hat, im Präsidium nicht mehr miterlebt habe. Was ich weiß, das ist, daß es in der SPD Leute gegeben hat, die etwa im Blick auf Osteuropa, aber da ging es immer um Ungarn oder Polen, also um nichtdeutsche Gebiete, die gehofft haben, daß bei der Umwandlung aus diesen kommunistischen praktisch sozialdemokratische Parteien werden könnten. Das hat es gegeben. Die Dinge laufen ja in manchen Ländern wirklich ganz anders, also in Ländern, wo es nie eine Sozialdemokratie neben Kommunisten gegeben hat. Da ist es natürlich auch leichter, daß die früheren Kommunisten sich nun wieder auf sozialdemokratische Wege begeben, wie zum Beispiel in Ungarn oder in ähnlichen Ländern. Da ich einer von den wenigen war, die sehr viel in die DDR kamen, überwiegend durch Kirchen, Kirchentage, auch mit denen zusammen kam, die sich später als Opposition verstanden haben, denn als Opposition wollte sich damals im Grunde niemand verstehen – aus guten Gründen – deshalb hatte ich natürlich schon auch Verständnis für die Leute, die dort eine SDP gegründet haben, zumal das ja überwiegend Leute waren, die ich aus der Kirche bereits kannte. Was mich heute noch umtreibt, ist die Frage: Ob nicht – aber da ist im Grunde niemand dran schuld, sondern so ist das eben gelaufen – die soziologische, die soziale Basis dessen, was dann als SDP zuerst einmal gegründet wurde, von Anfang an zu schmal war? Und ob die nicht deshalb zu schmal sein mußte, weil eben die SED als Staatspartei alles aufgesogen hatte, auch viele Leute, die potentielle Sozialdemokraten waren? Leute, denen es so ging, wie Steffen Reiche, als sie das Papier gelesen haben: Da steh' ich ja eigentlich auf dieser Seite und nicht auf der anderen. Es kann sein, daß dies gar nicht anders laufen konnte, aber bis zum heutigen Tage hängt dies der SPD an. Die Frage, wie zum Beispiel die SPD in den Ostländern in die Arbeiterschaft hineinkommt, bleibt offen. Wahrscheinlich ist die PDS auch kaum drin, es könnte sein, daß die meisten Arbeiter in den neuen Bundesländern weder PDS noch SPD wählen.

Rolf Reißig: 45 % davon wählen CDU.

Erhard Eppler: Jedenfalls, mir ist klar, daß hier Fehlsteuerungen, Fehlentwicklungen passiert sind, die möglicherweise unvermeidbar waren, die uns aber noch Jahrzehnte anhängen werden. Und die Frage, wie zum Beispiel in den früheren DDR-Ländern eine Sozialdemokratie mit einer breiten sozialen Basis entstehen kann, die wird uns noch ziemlich lange umtreiben.

Peter Merseburger: Wir sollten noch drei, vier Wortmeldungen zulassen und dann die Diskussion schließen, so daß das Panel noch eine Möglichkeit zu einer Schlußbemerkung hat. Die drei Herren, die dort stehen, sind die letzten Diskussionsredner.

Frage: Grundsätzlich würde ich vielleicht dafür plädieren, daß man wieder zurückkommt zum eigentlichen Thema, d. h. die Vermengung mit der SPD/PDS-Frage, das wäre sicherlich etwas für eine eigene Veranstaltung, da können wir morgen gerne darüber weiter diskutieren, obwohl vielleicht beides auch zusammenhängt. Eine Anmerkung vielleicht hierzu: Ich halte es für falsch, wenn man daraus eine Ost-West-Geschichte macht. Das heißt, also auch hier sind die Unterschiede im Osten. Das nun zur Anmerkung auch zu Herrn Bisky. Also, ich würde da ganz eindeutig, obwohl auch ich Ostgewächs bin, die Bedenken von Eppler teilen. Das nur am Rande. – Zwei Bemerkungen. Es ist so, ich bereite gerade eine historische Magisterarbeit in der Humboldt-Universität gerade zu diesem Thema vor, und deswegen habe ich da auch einige kleine Fragen und Anmerkungen ...

Peter Merseburger: Wenn es ganz viele sein sollten, stünde Herr Reißig sicherlich nach der Veranstaltung zur Verfügung.

... Nein, nein. Ich denke, daß es auch von allgemeinem Interesse ist. Grundsätzlich hat mich gewundert, daß die Meinung so einhellig ist, wie tief und wie stark das Papier gewirkt hat in der DDR. Ich dagegen würde dafür plädieren, daß man es doch eher im Kontext sehen muß, gerade mit Gorbatschow und der Entwicklung in Osteuropa. Man neigt vielleicht auch jetzt im Zuge dieser Veranstaltung ex post dazu, dieses Papier einfach zu wichtig zu nehmen in seinen Folgen – auch in der DDR. Da gab es andere Faktoren, die sicherlich wichtiger gewesen sind, meiner Meinung nach. Frage an Erhard Eppler: Sie haben von der Kritik gesprochen, die später gekommen ist, auch von seiten der Grundwertekommission, haben das Beispiel vom 29. März 1989 gewählt. Die Frage natürlich: Warum erst dann... Also, die offizielle Kritik vielleicht von der Grundwertediskussion hätte sicherlich auch früher und rascher kommen können. Das hat meiner Meinung nach auch zum gewissen Teil der SPD an Glaubwürdigkeit gekostet – das nur am Rande. Gesine Schwan hat zum Beispiel von den Chancen und Gefahren gesprochen, die dieses Papier hat, gleich im September 1987, deswegen glaube ich, daß eine Fülle an Chancen, die gerade dieses Papier zweifellos gehabt hat, durch dieses zögerliche Verhalten hinterher, diesen Mangel an Kritik, vergeben worden sind. Da hätte dieses Papier sicherlich sehr viel mehr an Chancen innerhalb der DDR haben können. – Das andere spare ich jetzt vielleicht. – Die Kontakte zur Opposition wären natürlich wichtig...

Peter Merseburger: Die wichtigsten Fragen sind Sie los geworden. Ich möchte jetzt den Herrn dort bitten.

Frage: – Danke. Ich fasse mich auch kurz. Eine Anmerkung und eine Frage. Die Anmerkung ist: Ich habe nirgendwo im Westen, und da komme ich nun auch her, weder bei der SPD noch in der Ebert-Stiftung, die Raffinesse dieses Papiers eigentlich gewürdigt gesehen, die im Regelwerk des Umgangs mit Andersdenkenden eine Gleichheit einfordert, die so gar nicht gegeben war. Es waren ja zwei völlig verschiedene gesellschaftliche Voraussetzungen, und trotzdem zwang man die andere Seite auf Westniveau. Ich selber habe es auch nicht gemerkt, und ich glaube, es ist auch ziemlich untergegangen. Daß dieses Papier eine Wirkung hatte, habe ich am 8. Mai 1989 gesehen, wo wir noch mit Leitern von Studentenorganisationen aus der DDR, aus Ungarn, aus der Sowjetunion usw. über die Zukunft des Sozialismus diskutiert haben. Und hierzu meine Frage: Bei dieser Diskussion, jetzt mal einfach vom Überbau auch zur Basis, ist das erste Mal thematisiert worden das Damoklesschwert des drohenden ökonomischen Untergangs der sozialistischen Staaten. Dramatisch gesagt. Eine sehr große Unsicherheit wurde formuliert. Meine Frage lautet in diesem Zusammenhang an diejenigen, die die DDR von innen gekannt haben: Wann oder ist überhaupt jemals diese ökonomische Verunsicherung oder dieses Gefühl, es geht ökonomisch nicht mehr weiter und deshalb müssen wir uns gesellschaftspolitisch ändern – wann ist das überhaupt jemals thematisiert worden?

Peter Merseburger: Und nun Sie mit der allerletzten Frage des Abends.

Frage: Ich habe das Papier immer für hervorragend gehalten, deshalb, weil es zu der friedlichen Kultur, zu der Kultur der friedlichen Revolution in der DDR, nach meiner Meinung, entscheidend beigetragen hat. Und das habe ich auch gehofft, daß das in diese Richtung geht – allerdings im Sinne eines Systemwandels in der DDR. Deshalb hat es mich gewundert, daß heute in der Diskussion nicht die Frage eines Generationswechsels in der SED-Führung stärker thematisiert worden ist. Ich habe ziemlich genau die sowjetischen Dinge verfolgt und war 1986 einer der ersten, der darauf hingewiesen hat, daß es nicht um Gorbatschow ging, sondern um die Gorbatschow-Generation. Wir hatten unter Breschnew 30 Jahre Karrierestau, und entsprechend war dann 1985/86 plötzlich ein Generationswechsel in fast allen Führungsbereichen – bis weit in mittlere Etagen runter, soweit man das verfolgen konnte. Das ist die erste Frage. Und die zweite Frage ist die nach dem fürchterlichen Ausspruch von Egon Krenz, als er auf dem Platz des Himmlischen Friedens war und lobte, wie man chinesische Studenten mit Panzern zu Tode gefahren hat. Meine Frage ist: Welche Funktion hatte eigentlich dieses Zitat, dieses Auftreten von Egon Krenz? War das vom Politbüro abgesegnet? Welche Absicht steckte eigentlich dahinter? – oder war das nur eine leere Drohung? Und zwei ganz kurze Bemerkungen: Eigentlich müßte man auf die sowjetische Deutschlandnote von 1952 verweisen. Ich nenne nur die Namen Gustav Heinemann, Johannes Rau und Erhard Eppler. Das wäre eine Dis-

kussion von fünf Stunden. Das können wir jetzt nicht machen. Und außerdem meine ich, die Beweisführung für die PDS, daß sie ihren demokratischen Neuanfang ehrlich meint, wäre, daß wir über Stalinismus diskutieren müssen, und zwar historisch von 1917 bis 1937, bis zu dem fürchterlichen Pakt mit Hitler und dem Rüstungsabkommen von 1940 und dann über Stalinismus als Exportartikel nach '45. Auch das können wir jetzt nicht machen. Das dauert auch fünf Stunden. Selbstverständlich. Das waren ja nur zwei kurze Anmerkungen. Danke.

Peter Merseburger: Vielen Dank. Sie liefern den Diskussionsplan für ganze Wochen. Und sich als Referent mit. Ja. Die Frage ist, wie wir jetzt verfahren? Ich würde alle Referenten hier vorn, alle Diskussionsteilnehmer, zu einem kurzen Wort und zu einer kurzen Antwort einladen. Und da ich gehört habe, daß Herr Weisskirchen uns schnell verlassen muß, würde ich mit ihm anfangen.

Gert Weisskirchen: Ich will nur eine Anmerkung machen zum Platz des Himmlischen Friedens. Ich erinnere mich sehr lebhaft, daß Rainer Eppelmann und ich Mitte Oktober miteinander darüber debattierten, hier in Ostberlin, und er zu mir sagte: Wir müssen ungeheuer vorsichtig sein, in der Art und Weise, wie wir jetzt vorgehen, denn wir wollen auf keinen Fall die Staatsmacht so provozieren, ich wiederhole das, was er mir gesagt hat, daß das, was in China geschehen ist, auf dem Platz des Himmlischen Friedens, sich bei uns hier in der DDR und in Ostberlin abspielen wird. Das heißt, daß sich etwas ändert und daß man sich mitten im fundamentalen Wandel befindet, dessen war man sich bewußt. Aber jeder hat höllisch aufgepaßt, also auch auf der Seite derer, die die Veränderungen selber vorantreiben wollten, daß dies ausschließlich friedlich verläuft und der Staat nicht zu brutalen Gewaltaktionen herausgefordert wird. Dieses Bewußtsein war bei allen vorhanden. Und insofern meine ich sehr wohl, das Papier hat eine zivilisierende Wirkung gehabt, eine selbstzivilisierende Wirkung, die man nicht unterschätzen darf, gerade im Wandel, wie er vonstatten ging im Oktober und

November und dann später, glaube ich, daß das eine ganz wesentliche, entscheidende Funktion gehabt hat. Ich will nur eine einzige Schlußbemerkung machen, denn das Thema muß neu diskutiert werden: PDS. Ich meine, um das mit aller Klarheit zu sagen, 1989 gab es eine Chance, die PDS neu zu gründen als linkssozialdemokratische oder linkssozialistische Partei. Soweit man sich vom Leninismus nicht verabschiedet hat, und das hat man nicht bei der Neugründung der PDS, kann die PDS für ein Bündnis innerhalb der demokratischen Linken nicht der geeignete Partner sein. Denn man muß mit aller Klarheit sagen: 1989 gab es eine Neuanknüpfung an 1789, an die große europäische Revolution: Freiheit, Gleichheit und – heute würde man sagen – Geschwisterlichkeit. Wenn die PDS nicht begreift, daß alle leninistischen Modelle hinter die französische Revolution zurückgefallen sind. Wenn sie nicht begreift, daß es einen völligen Neuanfang geben muß mit Freiheit, Gleichheit, Geschwisterlichkeit, der hat nichts verstanden von der Entwicklung der Demokratie, und der hat nicht verstanden, warum die friedliche demokratische Revolution nötig war in der DDR.

Peter Merseburger: Rolf Schneider bitte.

Rolf Schneider: Es sind noch zwei Dinge anzumerken. Zum einen: Der Name Gorbatschow ist gefallen, es ging um Gorbatschows Reformbemühen. Wir sollten uns klar sein, daß auch Gorbatschow gescheitert ist. Er wollte den Kommunismus retten, er hat ihn in Wahrheit vernichtet. Es ist völlig gleichgültig gewesen, ob 1989 jemand Reformen wollte für den Kommunismus oder ob er sie verweigert hat. Das Ding war zum Tode verurteilt, der Tod ist eingetreten. Das zweite: Ich habe im Ohr, was Tilman Fichter über die Situation der politischen Klasse in Bonn gesagt hat. Er hat damit nicht nur die Regierung gemeint, sondern auch seine eigene Partei. Ich habe den Eindruck, daß die Westfixierung auch der überwiegenden Mehrheit des Parteivorstands der Sozialdemokratie dazu führt, daß diese Partei in den neuen Bundesländern so schwach ist. Die sonderbare Versuchung, jetzt eine linke Allianz mit der PDS zu schmieden, was ich für ausgesprochen gefährlich halte, wird durch das Fehlverhalten der Parteizentrale im Erich-Ollenhauer-Haus mitgefördert.

Peter Merseburger: Herr Uschner bitte.

Manfred Uschner : Wenn ich hier die internationalen Komponenten erwähnte, die im Herbst 1989 keine unwesentliche Rolle spielten, dann deshalb, weil ich danach gefragt wurde und weil es so war. Die Siegermächte des Zweiten Weltkrieges, die sich im „Kalten Krieg“ über 40 Jahre an der deutsch-deutschen Grenze hochgerüstet gegenüberstanden, schauten doch nicht passiv und untätig zu, wie der Status quo verändert wurde. Sie waren aktiv beteiligt, was sonst? Gorbatschow selbst hat mehrfach hervorgehoben: Ohne seinen Amtsantritt 1985 und nachfolgende sowjetische Entscheidungen wäre die deutsche Einheit nicht möglich gewesen, demzufolge auch offener Widerstand in der SED und in den Machtapparaten nicht, wo in allen Systemen immer zuerst „Gefahrenstellen“ und „Anfällige“ entfernt werden. Er bestätigt damit die schon erwähnte Aussage Dr. Kohls. Die Entscheidung, daß die UdSSR militärisch bei Unruhen in der DDR nicht eingreifen würde, war spätestens am 8. Oktober 1989 bekannt geworden. Das erst machte freies Demonstrieren großer Menschengruppen möglich. Ich unterschätze deshalb die Tätigkeit von Bürgerrechtlern und den Mut von Demonstranten in keiner Weise. Ich ging erstmals am 4. November 1989 auf die Straße und viele Male danach. Ich tat aber auch schon lange vorher etwas, solange ich die Möglichkeiten hatte. Ich war gewiß nicht der einzige!
Eine Bewegung wie Solidarnosc in Polen gab es in der DDR nicht. Hier hätte man wohl frühzeitig zugeschlagen an der Trennlinie der beiden Weltsysteme. Auch einen Lech Walesa gab es nicht. Aufmüpfige in den Machtapparaten wurden bis zum Mauerfall sofort ausgesondert, durch berufliche Um

setzung verstreut und verfolgt. Das betraf sehr viele Menschen, auch wenn man darüber heute nicht so gern reden mag.
Die SDP entstand in der Endphase der DDR. Die *Stasi* war dabei, wagte aber nicht mehr, einzugreifen. Sie, Herr Mohry, haben die SDP in Berlin-Altglienicke, wo ich wohne, zu dritt am 21. November 1989 in Ihrer Wohnung gegründet, also auch erst nach dem Mauerfall. So habe ich es einer SPD-Veranstaltung in Königs Wusterhausen entnommen. Da waren schon alle Messen gesungen!
Ich bin auch gegen falsche Legendenbildung. Deswegen sollte man auch aufhören, die DDR-Bürgerbewegung im Nachhinein wie ein mutiges Millionenheer darzustellen. Die DDR implodierte, sie explodierte nicht in einer Revolution. Nicht umsonst riefen die Demonstranten: „Keine Gewalt!"... Wie Bärbel Bohley in einem Interview mit der „Berliner Zeitung" bekundete – à la bonheur -, gab es vor und nach der Wende keine Bürgerbewegung in der DDR, sondern nur für eine kurze Zeit in der unmittelbaren Umbruchsphase. Sie, Tschiche (Bü 90/Die Grünen) und andere, die dabei waren, sprechen heute von rund 300 aktiven Bürgern, in verschiedenen Gruppen organisiert. Fast alle kannten sich. Nach der Wende ging man sehr bald verschiedene Wege, oft recht einträgliche.
Massenaustritte und Massenausschlüsse aus der SED gab es 1950, 1953, 1956, 1961, 1968 und ab 1988. Mit Gorbatschows Machtantritt wagte man aber keine politischen spektakulären Prozesse mehr. Um den Strom der „Abtrünnigen" einzudämmen, wurde ihre Zahl auf Anweisung des SED-Organisationschefs Horst Dohlus geheimgehalten bzw., wie schon erwähnt, statistisch als „Streichungen" kaschiert. Die *Stasi* hatte nun völliges Kontrollrecht über die SED-Mitgliedschaft und die Funktionäre. Viele SED-Mitglieder glaubten aber bis zuletzt daran, daß sich Gorbatschow in der DDR letztlich durchsetzen würde. Sie wollten Reformen, aber keine Rückkehr zum kapitalistischen System mit seinem Gegensatz von Arm und Reich und geringen gesellschaftlichen Reformambitionen. Leider kam es zu keinem Bündnis jener Bürger-

rechtler mit den Reformern der SED, die eine demokratisierte, pluralistische DDR, einen Sozialismus mit menschlichem Antlitz anstrebten. Stattdessen wurde aus der DDR ein „Anschlußgebiet".
Ich war deshalb von meinem Freund Egon Bahr etwas enttäuscht, als er in der Nacht des Mauerfalls im Fernsehen der BRD sagte, daß nun die SPD-Ostpolitik am Ende sei. Sie habe ihr Ziel erreicht. Ich glaubte immer an das Ziel der SPD und der „Sozialistischen Internationale", Europa und die Welt sozialdemokratisch umzugestalten, so wie es Hermann Scheer in seinem Buch „Die Befreiung von der Bombe" dargelegt hat. Ich glaubte, es geht erst richtig los, denn Reformstau gab und gibt es auch in Westdeutschland. Ich vermisse bis heute eine neue große Zukunftsvision der SPD und eine zweite, neue Phase sozialdemokratischer Ostpolitik. Gerade in der jetzigen Situation.

Peter Merseburger: Ein kurzes Schlußstatement, Herr Bisky.

Lothar Bisky: Dann kann ich aber nicht auf die Fragen eingehen, die ich mir aufgeschrieben hatte, aber ich weiß, die Zeit ist begrenzt. Ich will nur eines sagen: Herr Weisskirchen ist nun weg, aber wo er das mit dem Leninismus und der PDS her hat, das würde mich interessieren. Das stimmt einfach nicht. Übrigens: In dem Tonfall sollte man auch gar nicht miteinander reden. [Applaus] Wir haben so viel Belehrungen erfahren dürfen, daß ich für den Rest meines Lebens auf diesen Ton verzichten kann.
Es war die Frage gestellt worden nach dem Führungswechsel. Das ist eine interessante Frage. Aber, das Politbüro war noch nicht so alt, nach seinen eigenen Maßstäben. Der Führungswechsel wäre so schnell nicht gekommen. Also, es kam die Lösung, wo dann wirklich alles schnell ging.
Man hat ja immer wieder gezweifelt an der ökonomischen Leistungsfähigkeit der DDR. Meine Zweifel sind relativiert worden, weil Strauß den Kredit gegeben hat. Man war ja so dumm, daß man sagte, na, wenn die aus dem Westen, das sind doch die großen Wirtschaftsexperten, die Milliarden reinstecken, dann kann es noch nicht so schlimm sein. So hab' ich damals gedacht. Das war falsch.
Und dann noch etwas zur Austrittswelle aus der SED. Es gab keine Riesenaustrittswelle, die kam erst dann, als klar war, die Autorität der SED ist weg, und es bringt auch nichts mehr dabeizubleiben. Aber, es war auch nicht das große Bedürfnis zu Austritten da. Man darf doch nicht verkennen, Gorbatschow wurde damals als Kommunist gesehen. Wir können nicht mit unserem heutigen Wissen da herangehen. Und deshalb war die Bereitschaft von vielen, aus der SED auszutreten, überhaupt nicht da. Oder bei Kulturleuten. Was wäre denn die Kultur, die europäische Kultur dieses Jahrhunderts ohne Kommunisten? Dazu hatte ich und habe heute auch noch eine andere Beziehung. So einfach ist es nicht. Und die DDR-Geschichte, gerade die letzten Jahre sind außerordentlich kompliziert. Man soll sie nicht verniedlichen. Aber, sie läßt sich auch nicht so mit schwarz-weiß oder mit zwei, drei Sätzen erklären. Es gab Gründe, warum Leute so gehandelt haben, warum sie auch bis zum Schluß noch gedacht haben: na, vielleicht geht es doch noch. Und ich erinnere daran: die absolute Mehrheit, ich glaube es war jeder zweite, jeder zweite war in der DDR in irgendeiner Weise gewählt – vom Politbüro bis zum Anglerverband – und aktiv. Natürlich nur in einer kleinen Funktion. Also, jeder zweite Bürger der DDR war irgendwo, ob im Elternaktiv oder in der Gewerkschaft, irgendwie aktiv. Das hat eine soziologische Untersuchung Mitte der 80er Jahre ergeben. Und da sage ich mir: Das waren nicht alles Staatsfeinde. Also, ich will mit Pauschalurteilen nicht leben. Niemand hat gewußt, auch ich habe es im Oktober 1989 nicht gewußt, daß die DDR so rasch abhanden kommt. Ich habe es nicht gewußt, und ich denke, es hat auch kaum jemand richtig geahnt, daß das überhaupt möglich wäre. Ohne Zustimmung von Moskau wäre das sowieso nicht ge-

gangen. Und ich habe auch nicht gewußt, daß die DDR so rasch implodiert. Klar war es, als der 9. November kam, da war klar, das war's.

Peter Merseburger: Danke. Herr Reiche.

Steffen Reiche: Drei kurze Bemerkungen. Zum einen: Ich stimme Herrn Eppler zu, die soziologische Basis für die Ost-SPD ist zu schwach, aber ich will in Erinnerung rufen – wir haben, als wir am 7. Oktober die SDP gegründet haben, im Grunde genommen dies auch als eine Einladung an die SED-Leute verstanden. Uns kamen drei Dinge dazwischen... [im Hintergrund: ha ha ha] ...ja, ja, ja. Es waren sehr viele dabei, die das damals so verstanden haben, daß wir diese Partei überhaupt nicht aufbauen könnten, ohne daß die Sozialdemokraten aus der SED rauskommen und da mit eintreten würden. Drei Dinge kamen dazwischen: Das eine war die Maueröffnung, das zweite war dann kurz danach die Umwandlung der SED in die PDS, und das dritte war dann der durch den Wahlkampf der CDU entstandene Beschluß des Leipziger Parteitages, und das macht diese Basis so nachhaltig schmal. Aber es ist nicht so einfach, wie Gert Weisskirchen oder auch wie Herr Schneider das hier gesagt haben. Ich denke, in der Ost-SPD bzw. gar in den Ost-Parteien, haben die West-Parteien ihre eigene Zukunft vor Augen – das ist das Problem.
Das zweite: Ich frage mich nach dieser Diskussion, wie man heute den Dialog mit der PDS eigentlich führen soll und kann. Herr Bisky hat mir eben auf meine Frage, wo er sich denn bei diesen beiden Positionen einbringen würde, gesagt: na, irgendwo dazwischen. Ich denke, diese Positionsbestimmung ist außerordentlich wichtig, denn dann würde sichtbar werden, ob diese PDS überflüssig oder wirklich notwendig ist. Ich denke, es wird der PDS außerordentlich schwer fallen, in Abgrenzung zur SPD ihre Position noch so klar zu machen, wie es der SED damals zumindest gelungen ist. Und deshalb denke ich, ist dieser Streit der Positionen so wichtig. Vielleicht gelingt uns dann ja vielleicht noch mal so ein durchschlagender Erfolg, wie der SPD das mit ihrem Papier gelungen ist.

Peter Merseburger: Also danach brauchten Sie dringend ein Streitpapier zwischen der SPD und der PDS? [Applaus] Herr Reißig bitte.

Rolf Reißig: In aller Kürze zuerst zu den noch anstehenden Fragen. Die Mehrheit der SED-Mitglieder stand hinter diesem Papier, auch noch als Hager die Umkehr einleitete, und es immer deutlicher wurde, daß die SED-Führung von diesem Papier abkehrt. Warum aber, so die Frage, ist die Mehrheit dann nicht ausgetreten? Es gab ja Auseinandersetzungen, auch Austritte und Ausschlüsse. In einem Bezirk, Leipzig, gab es allein 1988 2.569 Austritte, 1.186 Ausschlüsse, 379 Streichungen. Es war aber minimal; und das kann eigentlich doch nicht so überraschen. Ich finde, die Reaktion in der SED war eine andere. Die Zustimmung zur SED-Politik ging immer mehr zurück; aber es gab auch nicht das Aufbegehren, den Mut zum offenen Widerstand, die klare Abkehr von dem, was man schon nicht mehr für richtig hielt. Dazwischen bewegten sich die Mehrheiten. Diese Entwicklung zeigte aber dann doch eine gewisse Wirkung. In Interviews erklären ehemals führende Personen aus dem SED-Machtapparat auf die Frage, warum es im Oktober/November 1989 in der DDR keine Gewaltanwendung gab, obwohl doch ein übermächtiger Repressionsapparat zur Verfügung stand: Vor allem auch deshalb nicht, weil wir uns auf die Kader der SED, auf die wir uns immer „verlassen" konnten (1953, 57, 61, 68) offensichtlich nun nicht mehr so stützen konnten. Hier war eine bemerkenswerte Erosion in Gang gekommen. Das war die Veränderung, die man nicht mit Austritten oder anderem festmachen kann. Es gab jedoch keine vernetzte, organisierte Reformbewegung in der SED wie in anderen kommunistischen Parteien. Es gab Grüppchen, es gab Diskurse, es gab Widerspenstige, aber es gab keine Vernetzung. Und damit gab es auch keine organisierte Alternative zum Austritt. Und die Opposition selbst war für diese Kreise nicht die Alternative. Da wirkten andere Biographien, Identitäten, Mentalitäten, Diskurse. Diese kann man nicht von heute auf morgen wechseln. Und dies ist entscheidend – ihre kulturell-mentale Bindung an die DDR als Reformprojekt, solange es diese Möglichkeit noch zu geben schien. Daß sich dies mit Illusionen über die Reformfähigkeit der SED und des Sozialismus verband, ist bekannt.

Zum Problem SDP und PDS will ich angesichts des Zeitlimits nur folgendes anmerken: Die Chance zu einer starken linken Volkspartei im Osten Deutschlands nach 1989/90 ist durch die SPD-West und durch die SDP-Ost und durch einflußreiche Kräfte, die sich dann in der PDS formiert haben, erst einmal wechselseitig verspielt worden. Die SPD im Westen hatte sich über den Schreck des plötzlichen SED-Zusammenbruchs erst einmal von allen SED-Mitgliedern losgesagt, auch von den kritischen und reformorientierten Kräften, mit denen sie gerade eben noch den Dialog geführt hatte. Und die Gründer der SDP, in Gegensatz und Auseinandersetzung zur SED entstanden, verweigerten praktisch das Gespräch. Einige gar bis heute und mit Argumenten, als ob sie weiter noch in der DDR agierten. Die Messen sind also erst einmal gelesen. Doch deshalb glaube ich, bedarf es zumindest, wie es Steffen Reiche und andere vertreten, des Dialogs. Nun sollte man sich aber auch nicht beschweren, daß es eine PDS gibt, nachdem man sie nahezu alle ausgegrenzt hat! Daß diese, wie die „kulturellen DDR-Eliten", die einen anderen Weg gesucht haben, – mit wenigen Ausnahmen – zur PDS gingen, provoziert geradezu die Frage. Wo sollten sie denn sonst hingehen? Wer will sie denn haben, nicht einfach als Wähler, sondern als politisch Engagierte?

Peter Merseburger: Wo sie sonst hingehen könnten, könnte ja vielleicht Erhard Eppler jetzt beantworten.

Erhard Eppler: Ich habe noch drei Bemerkungen. Die erste ist eine Antwort auf den Diskussionsredner, der sagte, die Grundwertekommission hat einfach zu wenig protestiert. Sie hat dreimal die Grundsätze eingefordert und die SED kritisiert, aber, und das hängt nun mit dem Desinteresse im Westen zusammen, das hat in den Westmedien so wenig Echo gefunden, daß es auch nicht auf den Osten ausgestrahlt hat. Vielleicht hätten wir noch mehr schreien sollen, aber im Westen hat keiner darauf gehört, weil das inzwischen nicht mehr interessant war. Zweiter Punkt: Ich glaube, wenn man die deutsche Geschichte der letzten 70, 80 Jahre ansieht, daß der Antikommunismus in Deutschland insgesamt immer wesentlich stärker war als der Kommunismus. Und das ist bis heute so. Der Antikommunismus hat im Grunde den Kommunismus überlebt. Und es reichen heute ganz wenige kommunistische Spuren, um sehr viel Antikommunismus zu mobilisieren. [Zwischenruf: Das kann man laut sagen.] Ja, sicher. Das ist vielleicht auch eine Generationsfrage, das wird vielleicht in 40 Jahren anders sein. Aber so, wie die Deutschen nun einmal ihre

Geschichte hinter sich gebracht haben, ist das so. Ich darf vielleicht hier etwas sagen, was vielleicht falsch verstanden wird. Ich glaube, daß das große Geheimnis von Adenauers Erfolg war, daß er den Deutschen ein Angebot machte, ein ungeheuer entlastendes Angebot, nämlich: Ich gebe Euch die Chance, gegen den zweiten Totalitarismus gut zu machen, was Ihr gegen den ersten versäumt habt. Und das war ungeheuer entlastend und hat viele Menschen in Deutschland dann in diese Richtung getrieben. Und das alles ist ja noch da, und die PDS muß damit rechnen. – Und jetzt eine letzte Bemerkung, nein die zweitletzte. Soweit ich das noch übersehen kann, obwohl ich es wahrscheinlich nicht mehr erleben werde: die Zukunft unserer Gesellschaft hängt davon ab, ob in den nächsten zehn Jahren eine mehrheitsfähige Gegenbewegung gegen die neoliberale Orthodoxie entsteht. [Applaus] So, wie ich das sehe, kann sie entstehen. Die wird reichen können vom linken Gewerkschaftler bis zum katholischen Bischof. Ja. Die katholische Soziallehre, soweit ich sie kenne, ist das Gegenteil des Turbo-Kapitalismus, den wir im Augenblick erleben. Ich sage das als Protestant, damit das nicht falsch verstanden wird. Hier ist etwas, vielleicht in Ansätzen, schon im Werden. Und jetzt Herr Bisky, verstehen Sie mich, daß diese Mehrheit nur entstehen kann, so breit, wie ich sie jetzt angedeutet habe, – und so breit muß sie sein –, wenn auch nicht der geringste Verdacht kommunistischer Affinität geltend gemacht werden kann. So ist das in dieser Gesellschaft. Jedenfalls noch in den nächsten zehn Jahren. Das ist natürlich auch eine ungeheuere Aufgabe für die PDS selbst. – Und jetzt meine letzte Bemerkung. Was ich meiner Partei übel nehme, ist nicht ihre Position zur PDS. Die würde ich im Augenblick etwa so einnehmen, wie das Lafontaine auch tut. Was ich ihr übel nehme zum Beispiel ist, daß zwei Leute, die hier auf diesem Podium sitzen, heute keine Sozialdemokraten sind. [Applaus] Denn, ich habe am Anfang gesagt, es ist viel leichter, Individuen zu integrieren, auch in eine Partei, nicht nur in eine Gesellschaft, als ganze Parteien. Und wenn man das nicht einmal hinkriegt, das ist schlimm. Vielen Dank. [Applaus]

Peter Merseburger: Vielen Dank, meine Damen und Herren für Ihre Geduld. Gestatten Sie mir noch einen letzten kleinen Hinweis, der sich an alle überzeugten Anhänger der Entspannungspolitik richtet. Wir haben ja heute abend über ein Dokument der Entspannungspolitik diskutiert, aber ich warne einfach aus historischen Gründen vor der Annahme, daß die Entspannungspolitik allein zum Zusammenbruch des Kommunismus geführt hätte. Es war eben auch die Rüstungspolitik, ohne die wahrscheinlich die Sowjetunion zum Einlenken nie gekommen wäre. Das heißt: Entspannung plus Nato-Doppelbeschluß haben dazu geführt, auch wenn viele Linke und Grüne das heute ungern zugeben. Und als allerletzte Bemerkung: Wir haben über ein Dokument diskutiert, in dem drin steht, daß kein System das andere abschaffen sollte. In der Tat hat das eine System das andere nicht abgeschafft – aber eines hat sich selbst aus der Geschichte abgemeldet. Darüber bin ich froh und glücklich, doch ich räume ein, daß mancher der hier Anwesenden darüber anders denken mag. Vielen Dank für Ihre Geduld. [Applaus].

Die Diskussion danach...

Manfred Uschner: Ich vermisse bis heute eine neue große Zukunftsvision der SPD und eine zweite, neue Phase sozialdemokratischer Ostpolitik.

Ein sensibler, aufmerksamer Zuhörer: Erhard Eppler.

Wenig Kontroversen: Rolf Reißig und Hans Misselwitz.

Generationsübergreifend...

Erklärt energisch ihren Standpunkt: Gisela Kayser.

Karsten D. Voigt im Gespräch mit einem russischen Diplomaten.

Politik
Informationsdienst der SPD
Nr. 3 vom 3. August 1987

Der Streit der Ideologien und die gemeinsame Sicherheit

Grundwertekommission
der SPD

Akademie für
Gesellschaftswissenschaften
beim ZK der SED

I.

Friedenssicherung durch gemeinsame Sicherheit

1. Unsere weltgeschichtlich neue Situation besteht darin, daß die Menschheit nur noch gemeinsam überleben oder gemeinsam untergehen kann. Eine solche Alternative ist historisch ohne Beispiel. Sie verlangt ein politisches Denken, das historisch ebenfalls ohne Beispiel ist, ein neues Herangehen an die internationalen Angelegenheiten, besonders an die Sicherung des Friedens. Der Krieg darf im Nuklearzeitalter kein Mittel der Politik mehr sein. Zwischen atomar gerüsteten Bündnissystemen wäre er das Ende jedweder Politik, die Zerstörung aller Zwecke. Friedenssicherung ist zur Grundvoraussetzung aller verantwortbaren Politik geworden.

Dem widerspricht jede Politik, die auf Forcierung des Wettrüstens, auf Konfrontation, Streben nach militärischer Überlegenheit, Unverwundbarkeit und globale Hegemonie setzt. Sie müßte dazu führen, daß die internationalen Spannungen anwachsen und sich die Gefahren für den Weltfrieden weiter erhöhen. Das Gebot der Stunde ist eine Wende in den internationalen Beziehungen, eine Politik der gemeinsamen Friedenssicherung, des Dialogs und der Abrüstung, des Kompromisses, des Ausgleichs der Interessen, der Kooperation und der Neubelebung des Entspannungsprozesses. Sie muß gegen alle Kräfte durchgesetzt werden, die noch immer glauben, durch ständiges Anhäufen neuer Massenvernichtungswaffen Sicherheit errüsten zu können.

Eine solche Wende in der internationalen Entwicklung ist aber nicht nur notwendig, sie ist auch möglich.

- Frieden, Beendigung des Wettrüstens, Entspannung liegen im Interesse beider Systeme, aller Staaten und aller Völker, der gesamten Menschheit.
- Über soziale, politische, ideologische und weltanschauliche Unterschiede und Gegensätze hinweg wächst der Kreis der Menschen, Organisationen, Parteien, Regierungen und Staaten, die dafür aktiv eintreten, ihr Einfluß wird immer spürbarer.

In Ost und West sehen immer mehr Menschen ein: Friede und Sicherheit im Nuklearzeitalter können nicht mit immer mehr und perfekteren militärischen Mitteln, sondern dauerhaft allein durch politisches Handeln erreicht werden. Nicht die Qualität der Waffen, sondern die Qualität der Politik entscheidet über Sicherheit und Stabilität in der Welt. Dieser Einsicht zum Durchbruch zu verhelfen, sie in praktische Politik umzusetzen, bedarf es des Engagements aller Menschen.

2. Friede kann heute nicht mehr gegeneinander errüstet, sondern nur noch miteinander vereinbart werden. Daher muß gemeinsame und gleiche Sicherheit für alle organisiert werden. Dies verlangt, daß jede Seite die legitimen Sicherheitsinteressen der jeweils anderen Seite mit bedenkt und respektiert. Nur so können Dialog, Rüstungskontrollverhandlungen und konkrete Friedens- und Abrüstungsinitiativen vorankommen. Dabei muß jede Seite der andern das gleiche Maß an Sicherheit zubilligen, das sie für sich selbst in Anspruch nimmt.

Ein wirksames und dauerhaftes System internationaler Sicherheit muß nicht nur den militärischen, sondern auch den politischen, den wirtschaftlichen und den humanitären Bereich umfassen. Denn Abrüstung, Dialog und Vertrauensbildung, die Errichtung einer gerechten Weltwirtschaftsordnung und das gemeinsame Herangehen an globale Probleme, internationale Zusammenarbeit zur Überwindung des Hungers fördern sich wechselseitig.

Die Konzepte der friedlichen Koexistenz und der gemeinsamen Sicherheit beruhen heute gleichermaßen auf diesen Erkenntnissen.

3. Ein politisches Denken und Handeln in den internationalen Beziehungen, das der neuartigen Bedrohung der Menschheit angemessen ist, muß vor allem dadurch gekennzeichnet sein, daß es

- die Bannung der nuklearen Gefahr,
- die Sicherung des Lebens und die Ge-

währleistung eines menschenwürdigen Daseins für alle,
- die Erhaltung der Biosphäre und die Überwindung der ökologischen Krise,
- die Bekämpfung des Hungers, den Abbau der Verschuldung und der wirtschaftlichen Not in den Entwicklungsländern

als gemeinsame Menschheitsaufgaben versteht und anerkennt, die im gemeinsamen Interesse aller Menschen gemeinsam angepackt werden müssen.

Ziel eines solchen politischen Denkens und Handelns ist eine stabile und dauerhafte Friedensordnung in Europa und in der Welt, die den Krieg als Mittel der Politik ausschließt, den Einsatz militärischer Gewaltmittel – solange sie noch nicht beseitigt sind – verhindert, Konflikte zwischen den Staaten auf der Grundlage vereinbarter Verfahren friedlich regeln kann und das Selbstbestimmungsrecht eines jeden Volkes anerkennt und respektiert. Auch Militärdoktrinen, die ausschließlich auf Verteidigung und Nichtangriffsfähigkeit ausgerichtet sind, würden diesem Ziel dienen.

Dem oben formulierten Ziel entspricht eine Form der Auseinandersetzung zwischen den beiden gesellschaftlichen Systemen, die geprägt ist von friedlichem Wettbewerb, gewaltfreiem Streit über alle politischen und ideologischen Gegensätze sowie Zusammenarbeit zum beiderseitigen Nutzen und Vorteil. Dabei müssen beide Systeme – ihren grundlegenden sozialökonomischen, politischen und ideologischen Gegensätzen zum Trotz – lernen, miteinander zu leben und gut miteinander auszukommen.

Dazu ist auf beiden Seiten nötig:
- Berechenbarkeit, Offenheit und Zurückhaltung in der Wahl der Mittel;
- die Fähigkeit zum Dialog, zur Vertrauensbildung, zum Konsens, zum Abbau von Mißtrauen und Bedrohungsängsten sowie zur Partnerschaft bei gemeinsamen Aufgaben.

Gegenwärtig besteht die wichtigste Aufgabe darin, die Dynamik der Aufrüstung zu stoppen und eine Dynamik der Abrüstung in Gang zu setzen.

II.

Friedlicher Wettbewerb der Gesellschaftssysteme

1. Die Beziehungen zwischen den beiden Systemen sind nicht nur durch gemeinsame, parallele oder sich annähernde, sondern vor allem auch durch entgegengesetzte Interessen charakterisiert. Das Nebeneinanderbestehen und die Auseinandersetzung qualitativ unterschiedlicher und entgegengesetzter sozialökonomischer und politischer Systeme ist ein wesentliches Kennzeichen der internationalen Beziehungen.

Aber nur wenn der Frieden gesichert ist und die Geschichte weitergeht, kann der Streit um das bessere Gesellschaftssystem ausgetragen werden.

2. Daher ist die Auseinandersetzung zwischen den gesellschaftlichen Systemen einzig und allein noch in der Form des friedlichen Wettbewerbs und also gewaltfrei zu führen. Jedes der beiden Systeme kann die von ihm beanspruchten Vorzüge nur durch das Beispiel zeigen, das die Menschen innerhalb und außerhalb seiner Grenzen überzeugt.

Der Wettbewerb der sozialen und politischen Systeme sollte darum geführt werden, welches der beiden Systeme den wirksamsten Beitrag zur Lösung der übergreifenden Menschheitsfragen leistet und welches die günstigsten gesellschaftlichen Bedingungen für die Entfaltung von Humanität bietet, welches den Menschen die bessere Chance gibt, ihre Interessen und Rechte durchzusetzen, ihre Werte und Ideale zu verwirklichen.

3. Vor allem geht es um den Beitrag des jeweiligen Gesellschaftssystems zur Sicherung des Friedens, zur Überwindung der Umweltgefahren, zur Entwicklung der Länder der Dritten Welt.

Dazu gehört
- die soziale Beherrschung des wissenschaftlich-technischen Fortschritts;
- die Entwicklung lebendiger Demokratie,

die Verwirklichung und Weiterentwicklung der Menschenrechte in ihrer wechselseitigen Bedingtheit von sozialen, politischen und persönlichen (individuellen) Rechten;
- eine – auch gegenüber den nachkommenden Generationen verantwortbare – Gestaltung des Verhältnisses von Ökonomie und Ökologie, von Mensch und Natur.

4. Wettstreit und Zusammenarbeit der gesellschaftlichen Systeme schließen sich nicht nur nicht aus, sondern bilden eine – wenngleich oft widerspruchsvolle – Einheit.
Gleichberechtigte Zusammenarbeit zwischen Ost und West zum beiderseitigen Nutzen fördert die notwendige Wende in den internationalen Beziehungen und dient der Entspannung in Europa. Das belegen nicht zuletzt die Erfahrungen der Entspannungsperiode in den 70er Jahren. Andererseits erweitern Fortschritte in der Entspannung zugleich die Möglichkeiten einer Zusammenarbeit zwischen den Staaten auf politischem, ökonomischem, wissenschaftlich-technischem, kulturellem und humanitärem Gebiet.
Beide Gesellschaftssysteme brauchen diese Zusammenarbeit, weil die Verflechtung der Weltwirtschaft fortschreitet, die Entwicklung der Produktivkräfte den nationalen Rahmen sprengt und die globalen Probleme sich zuspitzen.
Die Zusammenarbeit zwischen den Systemen und Staaten wird somit zu einer Voraussetzung für die Entwicklung der nationalen Wirtschaften und der Weltwirtschaft, für die schrittweise Lösung der globalen Menschheitsprobleme, für die Überwindung von Armut und Unterentwicklung in der Welt, für den Austausch auf den Gebieten der Kultur und der Information, kurz gesagt: Für die Entwicklung der menschlichen Zivilisation.
Wir wollen ein Europa der freundschaftlichen Kooperation, des Vertrauens und der guten Nachbarschaft. Die Vertiefung des gesamten KSZE-Prozesses bildet auch heute eine wichtige Grundlage hierfür. Beide deutsche Staaten sind aufgefordert, entsprechend ihrer historischen Verpflichtung und politisch-geographischen Lage ihren Beitrag zu leisten.

5. Zu einer aktiven Politik der Friedenssicherung durch Abrüstung und des friedlichen Wettstreits zwischen den entgegengesetzten Systemen gibt es heute keine vernünftige Alternative mehr. Trotzdem trifft sie auf ernste Hindernisse.
Eine solche Politik des Wettstreits und der Zusammenarbeit geht von den entgegengesetzten gesellschaftlichen Strukturen und Prinzipien in beiden Systemen aus.
Der Systemwettstreit, wenn er einhergeht mit der Verringerung der Rüstungen, kann den sozialen Fortschritt in beiden Systemen befördern und beschleunigen.

III.

Notwendigkeit einer Kultur des politischen Streits und des Dialogs

Wir, deutsche Kommunisten und Sozialdemokraten, stimmen darin überein, daß Friede in unserer Zeit nicht mehr gegeneinander errüstet, sondern nur noch miteinander vereinbart und organisiert werden kann. Daraus ergeben sich neue Gemeinsamkeiten im Ringen um den Frieden.
Sozialdemokraten und Kommunisten berufen sich beide auf das humanistische Erbe Europas. Beide nehmen für sich in Anspruch, dieses Erbe weiterzutragen, den Interessen der arbeitenden Menschen verpflichtet zu sein, Demokratie und Menschenrechte zu verwirklichen.
Aber sie leben seit sieben Jahrzehnten in bitterem Streit darüber, in welcher Weise dies zu geschehen hat. Dieser Streit wird dadurch verschärft, daß beide oft mit denselben Begriffen verschiedene Inhalte verbinden. Die Sozialdemokraten verstehen sich als Teil der westlichen Demokratie. Für sie ist pluralistisch organisierte Demokratie mit ihren vielfältigen Formen von Gewaltenteilung und Machtkontrolle der verbindliche und notfalls unter Opfern verteidigte Rahmen, innerhalb dessen sie ihre Vorstellun-

gen von demokratischem Sozialismus verwirklichen wollen. Für Marxisten-Leninisten ist Demokratie als Form der Machtausübung in ihrem Wesen durch die Eigentumsverhältnisse an den entscheidenden Produktionsmitteln und damit verbundenen politischen Macht geprägt. Daher ist für sie die Überführung der wichtigsten Produktionsmittel in Gemeineigentum und die politische Macht der Arbeiterklasse im Bündnis mit anderen Werktätigen das Fundament umfassender demokratischer Rechte. Sie verstehen Demokratie vor allem als die reale Mitwirkung der Werktätigen an der Leitung und Gestaltung der Wirtschaft und Gesellschaft und die Kontrolle darüber.

Für Sozialdemokraten haben die Menschenrechte in sich selbst absoluten Wert und sind gegenüber allen Formen wirtschaftlicher und staatlicher Macht auf immer neue Weise zu schützen und durchzusetzen. Sie sind in Form von Grundrechten Maßstab und Ziel staatlichen Handelns. Auf diese Grundrechte und die Grundwerte des demokratischen Sozialismus gründen sie ihre Politik sozialer Sicherheit und gleicher Lebens- und Bildungschancen.

Marxisten-Leninisten nehmen für sich in Anspruch, durch das gesellschaftliche Eigentum und die damit verbundenen politischen Machtverhältnisse die sozial-ökonomischen Grundlagen für die freie Entfaltung des Menschen geschaffen zu haben. Soziale Sicherheit, Vollbeschäftigung, soziale Gerechtigkeit und reale Bildungsmöglichkeiten für alle sind für sie unabdingbare Grundlagen für Demokratie und die Entfaltung aller Menschenrechte. Sie bestehen darauf, daß die Verwirklichung der Menschenrechte mit der weiteren Entwicklung ihres sozial-ökonomischen Systems verbunden ist.

Für Sozialdemokraten ist ein lebendiger, spannungsreicher und möglichst unbeschnittener Pluralismus in Kultur, Wissenschaft, Kunst und politischer Meinungsbildung unverzichtbarer Ausdruck von Freiheit, aber auch Voraussetzung und gleichzeitig Ergebnis einer Demokratie im Dienste der Entfaltung des Menschen.

Marxisten-Leninisten lassen sich davon leiten, daß die sozialistische Gesellschaft in ihrem Sinne in der Lage ist, wissenschaftlich-technischen Fortschritt mit sozialem Fortschritt untrennbar zu verbinden, so daß der Mensch im Mittelpunkt bleibt und nicht an den Rand des Geschehens gedrängt wird, daß das Schöpfertum aller Menschen, ihre Kreativität und ihr Ideenreichtum die Verwirklichung ihrer vielfältigen Interessen und Bedürfnisse fordert und fördert.

Der Streit über diese Grundfragen wird weitergehen, auch die Hinweise darauf, wo auf der einen oder anderen Seite Theorie und Praxis nicht übereinstimmen. Der Streit über so gegensätzliche Grundpositionen läßt sich weder durch Kompromißformeln noch durch Appell an den Friedenswillen beenden. Es wäre auch niemandem damit gedient, wenn die Gegensätze verwischt würden. Aber der Streit über Grundpositionen kann Teil eines produktiven Wettbewerbs der Systeme werden, wenn er so ausgetragen wird, daß Kommunisten und Sozialdemokraten die Grundentscheidungen des jeweils andern beachten, keine Feindbilder aufbauen, die Motive der anderen Seite nicht verdächtigen, deren Überzeugungen nicht absichtlich verzerren und ihre Repräsentanten nicht diffamieren.

Beide Seiten werden sich an ihren Leistungen und Erfolgen, ihren Fehlleistungen und Mißerfolgen messen lassen müssen. Kommunisten sind fest davon überzeugt, daß ihr Sozialismus seine inneren Vorzüge – Vollbeschäftigung, soziale Sicherheit und Geborgenheit für alle, Teilnahme der Werktätigen an der Vorbereitung, Entscheidung und Kontrolle der staatlichen, wirtschaftlichen und gesellschaftlichen Angelegenheiten, Verbindung des wissenschaftlich-technischen mit dem sozialen Fortschritt, Ausbildung und sichere Zukunft für die Jugend – gegenüber der kapitalistischen Gesellschaft immer umfassender entfalten wird.

Sozialdemokraten setzen – ohne die Gefahren kapitalistischen Wirtschaftens zu verkennen – darauf, daß freie, ungehinderte Diskussion, der Wettbewerb von Ideen und Lösungsansätzen am ehesten in der Lage

ist, auf bedrängende neue Fragen angemessene Antworten zu finden, neue technische Möglichkeiten in den Dienst höherer Lebensqualität zu stellen, Gegenkräfte gegen den Mißbrauch wirtschaftlicher Macht zu mobilisieren, Mehrheiten für notwendige Veränderungen vorzubereiten und die Demokratisierung der Gesellschaft voranzutreiben.
Da die Sozialdemokraten den Verfassungskonsens der westlichen Demokratie mittragen, auch wenn sie niemals die Verantwortung für andere, konkurrierende Kräfte übernehmen können, sprechen sie in vielen Fragen stellvertretend für die westliche Demokratie. Es wäre aber zu begrüßen, wenn andere politische Kräfte sich in ähnlicher Weise am kontroversen Dialog der Systeme beteiligten.

IV.

Ansätze für eine Kultur des politischen Streits

Wir sind uns also einig darin, daß Friede die Grundvoraussetzung für die Verwirklichung unserer jeweiligen Werte und Prinzipien ist, daß Zusammenarbeit zur Wahrung des Friedens die Verleugnung dieser Werte weder verlangt noch ratsam erscheinen läßt.
Es gibt also Fragen, in denen wir einig sind, andere, über die wir weiter streiten müssen. Wir werden in der Spannung von Konsens und Konflikt leben müssen.
Was bedeutet dies für die Formen und Inhalte der Auseinandersetzung?
1. Beide Seiten müssen sich auf einen langen Zeitraum einrichten, während dessen sie nebeneinander bestehen und miteinander auskommen müssen. Keine Seite darf der anderen die Existenzberechtigung absprechen. Unsere Hoffnung kann sich nicht darauf richten, daß ein System das andere abschafft. Sie richtet sich darauf, daß beide Systeme reformfähig sind und der Wettbewerb der Systeme den Willen zur Reform auf beiden Seiten stärkt. Koexistenz und gemeinsame Sicherheit gelten also ohne zeitliche Begrenzung.
2. Beide Systeme müssen sich gegenseitig für friedensfähig halten.
Das im Osten vertretene Konzept der Friedlichen Koexistenz zwischen Staaten mit unterschiedlicher Gesellschaftsordnung und das im Westen, vor allem von Sozialdemokraten entworfene Konzept einer Gemeinsamen Sicherheit setzen, soweit sie ernst gemeint und konsequent sind, beide die prinzipielle Friedensfähigkeit der anderen Seite voraus. Beide Konzepte wären theoretisch sinnlos und auf die Dauer auch nicht praktikabel, wenn sie die Annahme der prinzipiellen Unfriedlichkeit der anderen Seite aufgrund von deren Ideologien oder Interessenstrukturen einschlössen. Beide Seiten müssen daher für eine erfolgreiche Friedenspolitik beim jeweils anderen ein authentisches Interesse an der Erhaltung des Friedens in der atomar gerüsteten Welt voraussetzen – der Erfahrung friedensgefährdender Konflikte zum Trotz.
3. Beide Systeme müssen zu verhindern versuchen, daß sie vom jeweils andern so wahrgenommen werden, als seien sie auf Expansion, ja gewaltsame Expansion angelegt.
Es gab und gibt in beiden Systemen die Befürchtung, daß das andere System angesichts seiner Interessenstruktur und der jeweils herrschenden Ideologie auf die Ausdehnung seines Einfluß- und Herrschaftsbereiches angelegt sei. Im Westen ist dies die Befürchtung, daß die marxistisch-leninistische These vom weltrevolutionären Prozeß auf Revolutionsexport hinauslaufe und zur Rechtfertigung sowjetischer Machtansprüche diene. Im Marxismus-Leninismus gründet sich die entsprechende Befürchtung auf die Marxsche Analyse des Wesens der kapitalistischen Warenproduktion, auf Arbeiten Lenins über das Wesen des Monopols sowie auf die Wahrnehmung und Deutung der dominierenden antikommunistischen Strategie und Politik der Gegenwart.
Daher müssen in dem Prozeß, der zu gemeinsamer Sicherheit führt, auch solche Ängste abgebaut werden. Beide Seiten müssen sich darum auch dann bemühen,

wenn sie sich durch solche Befürchtungen mißverstanden sehen.

4. Auch wenn für einen Prozeß gemeinsamer Friedenssicherung Verträge, Abmachungen und Institutionen nötig sind, reichen sie allein nicht aus. SED und SPD sprechen sich für die Entwicklung einer Kultur des Streits und des kontroversen Dialogs aus. Diese Kultur des politischen Streits muß

- auf einer realistischen Analyse der Möglichkeiten beider Seiten beruhen,
- die gesellschaftspolitischen Gegensätze klar zum Ausdruck bringen,
- sie nicht auf die Beziehungen zwischen Staaten übertragen,
- Gewalt oder Krieg als Mittel der Konfliktlösung ausschließen und starre Konfrontationen überwinden,
- und damit einem Frieden dienen, der auch international auf gewaltfreie Konfliktregelung setzt.

Für eine solche Kultur sind für beide Seiten akzeptable Normen des Umgangs miteinander zu entwickeln, die handhabbar sind und beiden gleichermaßen erlauben, ihre grundlegenden Werte zur Geltung zu bringen. Diese politische Kultur entsteht, wenn aus Absichtserklärungen Handlungsweisen werden und allmählich eine neue Praxis des täglichen Umgangs miteinander wächst.

5. Es muß zum Normalfall werden, daß wir miteinander handeln, verhandeln und zusammenarbeiten, während wir gleichzeitig da offene und klare Kritik äußern können, wo nach unserem Verständnis die Friedensbereitschaft, der Wille zur Verständigung, die Menschenrechte und die Demokratie im anderen Bereich verletzt werden. Kooperation, Wettbewerb und Konflikt müssen gleich akzeptierte Formen des Umgangs miteinander werden.

6. Die Beziehungen zwischen den Systemen können nicht nur bestimmt sein durch das Nebeneinander von Streit, Wettbewerb und Kooperation. Nötig ist auch der Wettbewerb in der Kooperation.

Zu den grundlegenden Menschheitsinteressen gehören außer dem Frieden auch die Erhaltung der Biosphäre und die Überwindung von Hunger und Elend in der Dritten Welt. Dies verlangt die umfassende Zusammenarbeit zwischen Ost und West. Solche Zusammenarbeit schließt Wettbewerb um die fruchtbarsten Beiträge jedes Systems zu den großen Menschheitsaufgaben ein. Wettbewerb in der Kooperation käme allen Menschen zugute.

V.

Grundregeln einer Kultur des politischen Streits

Eine Kultur des politischen Streits, die den Frieden sichert, ja dem Frieden zu dienen hat, kann nur in ihren grundsätzlichen Normen und Regeln beschrieben werden. In der politischen Praxis müssen solche Regeln durch angemessenes Handeln der Staaten verschiedener Gesellschaftsordnungen und der unterschiedlichen sozialen und politischen Kräfte mit Leben erfüllt werden. Das wird in dem Maße gelingen, wie sie sich als lernfähig erweisen. Politischer Realismus wird sich gegen Ungeduld wappnen müssen. Trotzdem lassen sich einige Regeln formulieren.

1. Gesellschaftssysteme sind nichts Statisches. Sie verändern und entwickeln sich von Land zu Land differenziert auf ihren eigenen Grundlagen. Sie stehen immer wieder vor neuen Aufgaben, die sie ohne Veränderung, Fortentwicklung und Reform nicht bewältigen können. Der Systemwettbewerb kann solche Veränderungen noch beschleunigen. Das zukünftige Bild der Gesellschaftsordnungen wird sich so von dem heutigen wesentlich unterscheiden. Beide Gesellschaftssysteme müssen einander Entwicklungsfähigkeit und Reformfähigkeit zugestehen.

2. Niemand darf für sich ein Recht der deutlichen Kritik und der polemischen Darstellung in Anspruch nehmen, ohne es dem Kritisierten in gleichem Maße zuzubilligen. Die „souveräne Gleichheit", von der die KSZE-Schlußakte spricht, bezieht sich auch auf die geistige Auseinandersetzung im Rahmen des Entspannungskonzepts. Kritik und Kooperation dürfen einander nicht ausschließen.

3. Kritik an den gesellschaftlichen Verhältnissen im anderen System sollte auf nachprüfbaren Tatsachen beruhen. Sie sollte auch getragen sein von dem Versuch, sich zunächst in die Logik der anderen Seite hineinzudenken, freilich nicht, um deren Absichten stets gutzuheißen, sondern um die Zusammenhänge ihres Handelns zu verstehen. Wer diesen Versuch unternimmt, wird sich nicht in aggressiver Polemik erschöpfen.

4. Ausschlaggebend für eine neue Kultur des politischen Streits ist also eine realistische und differenzierte Analyse und Darstellung der anderen Seite statt Propagierung pauschaler Feindbilder und der Weckung von Bedrohungsängsten. Vermieden werden muß alles, was die andere Seite als prinzipiell unfriedlich oder zum Frieden unfähig erscheinen läßt.

Diese Friedensbereitschaft wird um so glaubwürdiger, je mehr sich beide Seiten bemühen, lokale Konflikte zu vermeiden oder zu beenden und weder direkt noch indirekt zu fördern.

5. Die ideologische Auseinandersetzung ist so zu führen, daß eine Einmischung in die inneren Angelegenheiten anderer Staaten unterbleibt. Kritik, auch in scharfer Form, darf nicht als eine „Einmischung in die inneren Angelegenheiten" der anderen Seite zurückgewiesen werden. Jedenfalls gilt auch hier das Prinzip der souveränen Gleichheit, daß keine Seite praktisch in Anspruch nehmen darf, was Sie der anderen nicht zubilligt.

6. Die offene Diskussion über den Wettbewerb der Systeme, ihre Erfolge und Mißerfolge, Vorzüge und Nachteile, muß innerhalb jedes Systems möglich sein. Wirklicher Wettbewerb setzt sogar voraus, daß diese Diskussion gefördert wird und praktische Ergebnisse hat. Nur so ist es möglich, daß öffentlich eine vergleichende Bilanz von Praxis und Erfahrungen beider Systeme gezogen wird, so daß Mißlungenes verworfen, Gelungenes festgehalten und gegebenenfalls übernommen und weiterentwickelt werden kann.

7. Der umfassenden Informiertheit der Bürger in Ost und West kommt im Prozeß der Friedenssicherung und des Systemwettstreits eine wachsende Bedeutung zu. Dazu müssen die Staaten in beiden Systemen entsprechend der KSZE-Schlußakte auf ihrem Territorium die Verbreitung von periodisch und nicht periodisch erscheinenden Zeitungen und gedruckten Veröffentlichungen aus den anderen Teilnehmerstaaten erleichtern.

8. Der Dialog zwischen allen gesellschaftlichen Organisationen, Institutionen, Kräften und Personen auf beiden Seiten gewinnt wachsende Bedeutung für die Friedenssicherung und den Wettbewerb der Systeme. Das schließt auch Besuch und Gegenbesuch, die Teilnahme an Seminaren, wissenschaftlichen, kulturellen und politischen Veranstaltungen über die Systemgrenzen hinweg ein.

VI.

Neues Denken, neues Handeln

Gemeinsame Sicherheit ist nicht zu erreichen, wenn ideologische Gegensätze in Formen ausgetragen werden, die zwischenstaatliche Beziehungen gefährden oder vergiften oder gar Machtkonflikte als unversöhnlichen und unausweichlichen Kampf zwischen Gut und Böse erscheinen lassen.

Zur gemeinsamen Sicherheit gehört der Verzicht auf Versuche, sich unmittelbar in die praktische Politik in anderen Staaten einzumischen, aber auch der friedliche Wettbewerb der Systeme, ein Wettbewerb, der sich im Rahmen gemeinsam erarbeiteter Regeln hält und eine Kultur des politischen Streits und schließlich des kontroversen Dialogs einschließt.

Dies entspricht der Politik einer Friedenssicherung, zu der sich SPD und SED bekannt haben.

DIE ZEIT, 28. August 1992

DER GENERAL GING UNTER DIE DECKE

Von Carl-Christian Kaiser

Heute vor fünf Jahren wurde das berühmte SPD/SED-Papier über den „Streit der Ideologien und die gemeinsame Sicherheit" veröffentlicht. In der DDR gab es ein so gewaltiges Echo, daß die SED-Spitze nervös wurde. Nun steht auch die SPD wieder dazu.

* * *

Am Ende kamen, frei nach Karl Marx, die ideologisch so verfestigten Begriffe und Verhältnisse doch ins Tanzen. Und die Melodie, die ihnen vorgespielt wurde, war hochpolitisch. Die Ausgabe des *Tagesspiegels* vom 24. Mai 1989 gibt davon viel wieder. Damals berichtete das (weiland noch West-)Berliner Blatt von einem Seminar des Aspen-Instituts, das am letzten Tag in der Akademie für Gesellschaftswissenschaften beim Zentralkomitee der SED zu Gast gewesen war. Was die Zeitung mitteilte, war sensationell.

Nach Ansicht der Akademie, so stand im *Tagesspiegel* zu lesen, würden die neunziger Jahre in der DDR wesentlich davon bestimmt sein, daß „Sozialismus ohne Demokratie und ohne umfassende Verwirklichung der Menschenrechte ... kein Sozialismus wäre". Ohne Demokratie könne sich menschliche Individualität nicht entfalten. Neue – also sozialistische – Eigentumsverhältnisse garantierten diesen Prozeß aber noch nicht.

Als Kernfrage, so hieß es weiter, betrachte die SED-Akademie „die reale Beteiligung der Bürger an der Vorbereitung, Durchführung und Kontrolle der staatlichen Entscheidungsfindung". Auch frage sich, „ob Einstimmigkeit immer die entscheidende Form für die sozialistische Demokratie" sein solle. Kollektive Interessen und die wachsenden individuellen Bedürfnisse müßten ausgeglichen werden. Schließlich: „Demokratie ist ein selbständiger Wert ohne Wenn und Aber und nicht nur Mittel zum Zweck." Bei so vielen brisanten Postulaten vermied es der *Tagesspiegel,* Roß und Reiter zu nennen. Doch sein Hinweis, daß an der Aspen-Tagung die Professoren Otto Reinhold, der Rektor der ZK-Akademie, sowie Erich Hahn und Rolf Reißig, beide Institutsdirektoren an der Hochschule, teilgenommen hätten, war deutlich genug. So kam es nicht von ungefähr, daß Hermann Axen, das für die Außenpolitik zuständige Mitglied des SED-Politbüros, von Erich Honecker kommend, warnend in der Akademie anrief: „Der General ist unter die Decke gegangen!"

Der Generalsekretär verlor die Fassung, weil der Bericht des *Tagesspiegels* Gedankengänge wiedergab, die auf die ohnehin verunsicherte SED unerhört und verwirrend wirken mußten. Das galt um so mehr, als sie sich, einer Akademie-Studie im Vorfeld des für den Mai 1990 angesetzten nächsten SED-Parteitags entstammend, wie die Fortsetzung und konsequente Anwendung eines anderen Dokuments ausnahmen: des berühmten SPD/SED-Papiers über den „Streit der Ideologien und die gemeinsame Sicherheit", das am 27. August 1987 veröffentlicht worden war – heute vor fünf Jahren.

Ist der Aspen-Bericht das letzte Zeugnis von Reformüberlegungen in der DDR-Staatspartei vor ihrem Untergang und dem ihres Staates, so stellt das Streitpapier das am meisten herausragende und umstrittene Ergebnis des Dialogs dar, den die beiden Parteien bis kurz vor dem Zusammenbruch des SED-Regimes geführt haben. In den achtziger Jahren spitzte sich das Ost-West-Verhältnis wieder gefährlich zu. Auf die sowjetische Raketen-Nachrüstung reagierte der Westen mit einer Nach-Nachrüstung. Und Ronald Reagan rüstete auch ideologisch auf, indem er vom Osten als Born alles Bösen und davon sprach, daß die Seite des Kommunismus aus dem Buch der Weltgeschichte herausgerissen gehöre.

Damals antwortete die SED bewußt mit einer „Politik des Dialogs", die ihr, noch vor Gorbatschow, in Moskau keinen Beifall, sondern einen Schlagabtausch zwischen der *Prawda* und dem *Neuen Deutschland* eintrug. Aus der Opposition in Bonn heraus ergriff auch die SPD die Initiative. Mit der SED erarbeitete sie Vorschläge für eine von Chemiewaffen freie Zone und einen von atomaren Gefechtsfeldwaffen freien Korridor im Zentrum Europas. Erich Honeckers Sorgen waren ehrlich. Auch im Blick auf die auf dem eigenen Territorium stationierten neuen Raketen sprach er von „Teufelszeug"; auf den von den Sozialdemokraten entwickelten Begriff der „Sicherheitspartnerschaft" reagierte er mit der Devise von einer „Koalition der Vernunft".

Die Resonanz, die er innerhalb und außerhalb der DDR fand, war groß; zum ersten Male erlebte die SED internationale Anerkennung. Nicht zuletzt dieses politische und psychologische Hoch hat dazu beigetragen, daß es, nach halb privaten Sondierungen, von 1984 an auch zu den Gesprächen über gesellschaftspolitische und ideologische Themen kam, aus denen das Streitpapier von SPD und SED hervorgegangen ist. Die SPD entsandte ihre Grundwertekommission mit Erhard Eppler an der Spitze, die SED Mitglieder ihres „Denktanks", der ZK-Akademie, mit den Professoren Reinhold und Hahn sowie später Reißig als herausragendem Dreigestirn.

Nicht alle in der SPD-Grundwertekommission waren von dem Expeditionsunternehmen ohne weiteres angetan. „Beziehungen" mit der SED wolle man nicht, knurrte Richard Löwenthal gleich am Anfang. Später sagte er zu den Akademieabgesandten: „Wir sind Ihre Partner, aber nicht auf Ihrer Seite." Der Unterschied zeigt, wie allmählich ein Grundstock an Vertrauen in die Aufrichtigkeit und Fairneß der jeweils anderen Seite wuchs – so sehr die Spannungen in der Sache anhielten, so wenig einer dem anderen etwas schenkte und so oft es bei den harten Kontroversen danach aussah, als werde zumindest eine Delegation den Tisch umstürzen.

Freilich gewannen die Sozialdemokraten gleich zu Beginn den Eindruck, keiner geschlossenen Phalanx gegenüberzustehen, sondern sozusagen einer Vielfalt in der Einheit. Nicht ohne Verwunderung, so notierte Eppler später, habe man „auf der anderen Seite einen – bisher von außen nicht wahrnehmbaren – Prozeß der Differenzierung, der Wandlung, der Öffnung fest[gestellt], ein Ringen mit neuen Realitäten, das an dem Bild von der dogmatisch verhärteten Funktionärspartei rasch Zweifel aufkommen ließ".

Umgekehrt machte es auf die Gesellschaftswissenschaftler der SED großen Eindruck, wie die Bank der Sozialdemokraten bei aller Heterogenität immer wieder zu einer Einheit in der Vielfalt fand. Die atmosphärische Annäherung zählte um so mehr, als es schon bei den ersten drei Treffen um die ideologischen Gegensätze ging. Ob es sich um die Probleme aus dem wissenschaftlich-technischen Fortschritt für die Arbeitswelt, um die gesellschaftliche Entfremdung und die unterschiedlichen Menschenbilder, um Gesetzmäßigkeiten der historischen oder sozialen Entwicklung oder um den gesellschaftlichen Bewußtseinswandel in Ost und West handelte – die Dispute kreisten immer wieder um die Kernfragen und grundsätzlichen Differenzen.

Im Februar 1986 folgte das vierte Treffen, das beide Seiten auch im nachhinein als das aufregendste empfinden. Es war das erste, an dem auch fünf westdeutsche Journalisten teilnehmen konnten; bei den späteren Zusammenkünften gesellte sich auch eine Handvoll DDR-Kollegen hinzu. Zur Debatte stand die Frage, welche Konsequenzen die gemeinsame Sicherheit, von der immer mehr gesprochen wurde, denn für den Streit zwischen den Gesellschaftsordnungen, zwischen den konträren Systemen und ihren Ideologien haben müßte.

Der Glücksfall, der den Namen Michail Gorbatschows trug, machte auch hier Geschichte. In einem noch druckfeuchten Bündel brachten die Akademie-Professoren jenes *Neue Deutschland* mit, in dem auf zehn engbedruckten Seiten die große Rede wiedergegeben war, die der neue sowjetische Generalsekretär gerade vor dem XXVII. Parteikongreß der KPdSU gehalten hatte.

Es kam zu jener unvergeßlichen Szene, in der Sozialdemokraten und Kommunisten entdeckten, daß sie die gleichen Stellen angekreuzt hatten – besonders den Satz, daß angesichts der nuklearen Bedrohung „die Auseinandersetzung zwischen Kapitalismus und Sozialismus lediglich und ausschließlich in Formen des friedlichen Wettbewerbs und der friedlichen Rivalität verlaufen kann".

Zwar war dieser Satz nicht völlig neu; vielmehr lag er schon lange in der Luft. Aber eben deshalb deckte er sich mit den bereits vorher formulierten Thesen, die Thomas Meyer von der Grundwerte-Kommission und Harald Neubert, Institutsdirektor an der ZK-Akademie, vortrugen. Für die fundamentalen Gegensätze zwischen Ost und West, so Meyer, müsse „eine Kultur des politischen Streits" entwickelt werden, die dem kategorischen Imperativ der Friedenserhaltung genüge. Und Neubert postulierte: „Gefordert wird, daß die Monopol-Bourgeoisie ihre Interessen und Ziele in einer Weise und mit Mitteln verficht, die nicht mit den Gattungsinteressen der Menschheit kollidieren."

Als Erhard Eppler sekundierte, in der Welt der Massenvernichtungsmittel sei der eine nur so sicher wie der andere auch und die Existenzberechtigung des jeweils anderen könne und dürfe nicht länger in Abrede gestellt werden, hörten die SED-Abgesandten wie gebannt zu. Umgekehrt wurde es in der Reihe der Sozialdemokraten ganz still, als Rolf Reißig, zum ersten Male dabei, davon sprach, daß gerade der Wettbewerb der Systeme in den Dienst der Friedenssicherung gestellt werden müsse. Als Reißig sein Referat, das schon ganz auf der Linie der später dem Aspen-Seminar vorgetragenen Maximen lag, beendet hatte, sprach Eppler, fast atemlos, von einem kühnen, nach vorn weisenden Vortrag.

Spontan schlug er vor, über die Standpunkte beider Seiten versuchsweise etwas zu Papier zu bringen. Otto Reinhold, als Leiter der Ostberliner Delegation, stimmte zu. Damit begann die Entstehungsgeschichte des gemeinsamen Papiers. In anderthalb Jahren mit mehreren Entwürfen aus der Feder Meyers, der das theoretische As der Sozialdemokraten war, und der Feder Reißigs sowie Überarbeitungen durch Eppler und Reinhold verwandelte sich die ursprünglich ins Auge gefaßte Niederschrift in ein ausgewachsenes Konzept für den künftigen Umgang zwischen Ost und West.

Ein wirksames und dauerhaftes System internationaler Sicherheit, hieß es in diesem Konzept, müsse außer dem militärischen auch den politischen, wirtschaftlichen und humanitären Bereich umfassen. Die Bannung der nuklearen Gefahr, die Erhaltung der Biosphäre wie die Überwindung der ökologischen Krise und die Bekämpfung der Not in den Entwicklungsländern seien systemübergreifend „gemeinsame Menschheitsaufgaben". Sie trotz der grundlegenden sozialökonomischen, politischen und ideologischen Gegensätze zu lösen, sollte Gegenstand eines friedlichen Wettbewerbs der verschiedenen Systeme sein. Und auch der Streit über Grundpositionen könne Teil dieses Wettbewerbs werden.

Das wichtigste aber waren die anschließenden Regeln für eine politische Streitkultur. „Keine Seite", hieß es dazu, „darf der anderen die Existenzberechtigung absprechen", und „beide Systeme müssen sich gegenseitig für friedensfähig halten". Ebenso müsse sich die Hoffnung darauf richten, daß sie auch reformfähig seien. Bei dem dann möglichen Dialog „in der Spannung von Konsens und Konflikt" sei das Recht auf deutliche Kritik im gleichen Maße auch dem Kritisierten zuzubilligen; auch scharfe Kritik dürfe nicht als Einmischung in die inneren Angelegenheiten zurückgewiesen werden. Und vor allem: „Die offene Diskussion über den Wettbewerb der Systeme, ihre Erfolge und Mißerfolge, muß *innerhalb* [Hervorhebung durch die Redaktion] jedes Systems möglich sein."

Genau besehen und bedacht, reihte sich in dem von Kommunisten mitunterschriebenen Papier eine Sensation an die andere. Die Offenheit der Geschichte statt ihres gesetzmäßigen Ablaufs war in den Thesen der gemeinsamen Erklärung ebenso angelegt wie Grundformen des politischen Pluralismus anstelle eines Wahrheitsmonopols; die Maxime von der Koexistenz der Systeme verwandelte sich, wie Eppler festhielt, von einer taktischen, bis zum vorgezeichneten Untergang des Kapitalismus vorgesehenen Formel in die Definition einer dauerhaften Lebensform.

So erstaunlich waren alle diese Wandlungen, daß immer wieder die Frage auftauchte, was die SED bewogen habe, diese Zäsur mit herbeizuführen. Ihre entscheidenden Personen und Instanzen, zu denen Otto Reinhold ständigen Kontakt hielt, besonders zu Honecker selber, haben dem ganzen Unternehmen, auch als es so konkret wurde, keine Steine in den Weg gelegt. Zur Endfassung bemerkte Kurt Hager als „Chefideologe" des Politbüros zwar, daß er bei Details viele Einwendungen habe, das Papier im ganzen aber sehr gut finde.

In der DDR fand die gemeinsame Erklärung sofort ein gewaltiges Echo, besonders bei den Schriftstellern und Künstlern, und vollends natürlich bei den Kirchen und den Bürgerrechtlern. Daß die SED von sich aus gleichsam den Inhalt des Menschenrechtskorbs der KSZE-Schlußakte von Helsinki bestätigte und sich ihm unmittelbar verpflichtete – das war eine handfeste Sensation.

Auch in der Staatspartei gab es bald ein Echo – aber fragend und verunsichert. Was denn mit der Existenzberechtigung sowie der Friedens- und Reformfähigkeit des Kapitalismus gemeint sei, wurde vor allem gefragt, ungeachtet der Interpretationen, welche die SED schon vorher verschickt hatte.

Der erste gravierende Rückzieher kam bald. Öffentlich zog Hager nach einer – allerdings sehr differenzierten – Analyse der westlichen Bourgeoisie den Schluß, es handele sich darum, „daß der Imperialismus friedensfähig gemacht werden muß, nicht, daß er von Natur aus friedfertig ist". Auch andere versuchten, in einem eher orthodoxen Sinne abzuwiegeln.

Darüber ging verloren, daß etwa Otto Reinhold oder Rolf Reißig bei ihren Interpretationen vieler hergebrachter Töne das imperialistische Expansionsstreben vorsichtig vom Militärischen ins Ökonomische verschoben (Eppler), daß es von der Rüstungspolitik der imperialistischen Staaten hieß, sie sei zwar „systemadäquat", aber nicht „systemnotwendig", und daß sich an nicht wenigen Aufsätzen in den Theorie-Zeitschriften der SED oder DDR ablesen ließ, welche Veränderungen in den Köpfen stattgefunden oder begonnen hatten.

Schon nach den ersten Einschränkungen war der Haussegen bei den unverändert fortgeführten Treffen zwischen der SPD-Grundwertekommission und den SED-Gesellschaftswissenschaftlern nicht mehr ganz im Lot. Zwar wurde weiter heftig kontrovers debattiert: über die Entwicklungspolitik, über den Fortschrittsbegriff und zuletzt über die Menschenrechte. Aber der Elan nahm ab, die Gespräche wurden bockiger und, was die Akademie-Professoren anging, sozusagen auch beklommener.

Angesichts des weiter anschwellenden Echos auf das im *Neuen Deutschland* vollständig abgedruckte Papier, von dem nicht wenige DDR-Bürger ganze Passagen auswendig hersagen konnten, fiel die SED-Spitze in alte Muster zurück. War ihr das Papier einerseits willkommen, nicht zuletzt auch als Fortschritts- und Reformbeweis vor Gorbatschow, so begann sie andererseits wie früher zu fürchten, daß sich in ihrem Herrschaftsgebiet „Sozialdemokratismus" ausbreiten könnte. Und ob im Apparat abgesprochen oder nicht, es kam zu handfesten Repressionen – durch die Beschlagnahme der Umweltbibliothek der Ostberliner Zionsgemeinde schon 1987, durch hartes Vorgehen gegen Dissidenten bei der Rosa-Luxemburg-Demonstration 1988 und durch Repressalien gegen Friedensgruppen oder Ausreisewillige.

Im März 1989 protestierte die Grundwertekommission energisch gegen alle Verstöße gegen Geist und Buchstaben des gemeinsamen Papiers. Aber bei der nervös gewordenen SED-Spitze fruchtete das nicht mehr. So kam es dem Abbruch der Gespräche gleich, als Erhard Eppler, bitter enttäuscht und wohl auch persönlich verletzt, in seiner Gastrede zum 17. Juni 1989 vor dem Bundestag sagte, er sei, was die gegenwärtige Führung der SED betreffe, ohne Zuversicht.

In der umfangreichen Stellungnahme, welche die Sozialdemokraten jetzt zum fünften Jahrestag des Papiers herausgebracht haben, wird das Verhalten der ehemaligen Staatspartei mit dem widerspruchsvollen Versuch erklärt, „das ideologische Feindbild außenpolitisch zu entschärfen, es aber als innenpolitische Legitimationsbasis zu erhalten". So ist es wohl gewesen. Ob die SED-Führung, als sie auch das gemeinsame Papier promovierte, dessen innenpolitische Brisanz unterschätzte, ob sie vorsichtshalber alles auf die Augen Honeckers stellte oder ob sie dann im Vorfeld der November-Wende schon innerlich schwach und ratlos war – das steht dahin. Das Papier hat den Auflösungsprozeß beschleunigt; mit und an seiner doppelbödigen Strategie ist das kommunistische System, so die neue SPD-Stellungnahme, am Ende gescheitert.

Die neue Erklärung der SPD kommt nun freilich sehr spät. Kurz vor und erst recht nach der Wende in der DDR hat sie sich das Papier mit der SED so gut wie widerspruchslos von ihren triumphierenden Bonner Gegnern um die Ohren schlagen lassen – allen voran damals Volker Rühe mit seinem üblen Wort vom „Wandel durch Anbiederung". Eilends stuften die Sozialdemokraten das Papier zurück. Und gegen ihre ehemaligen Diskussionspartner verhielten sie sich so, als wollten sie nicht mehr Unter den Linden gegrüßt werden – lauter beschämende Vorgänge.

Erst jetzt heißt es, auf das gemeinsame Papier bezogen: kein Anlaß zur Scham. Natürlich hat der sozialdemokratische Opportunismus außer dem Zusammenbruch des SED-Staats auch eine Reihe von internen Gründen. Nach anfänglicher Verblüffung waren die ersten Kommentare zum Papier, auch in dieser Zeitung, meistens skeptisch bis ablehnend. Dann gab es eine Auguren-Diskussion, die sich wie verstaubt ausnahm. Konservative Sozialdemokraten wie zum Beispiel Dieter Haack, Minister in der sozialliberalen Regierungszeit, lehnten jedes Eingehen auf den Kommunismus rundheraus ab. „Verbrüderungstendenzen", eine „Entleerung des Friedensbegriffs" und „Wertneutralismus" wurden den Sozialdemokraten vorgeworfen.

Nur wenig übertreibend, hat Hanne-Margret Birckenbach in einer vom Institut für Friedensforschung und Sicherheitspolitik an der Hamburger Universität betreuten scharfsinnigen Studie, die sich mit Chancen und Schwierigkeiten von Friedensstrategien beschäftigte, zu den ganzen Einwänden festgehalten: „Weder in der bundesdeutschen Öffentlichkeit noch in der von der SED geleiteten Debatte in der DDR wurden die Vereinbarungen auf der Basis der Einsichten und Analysen von gemeinsamer Sicherheit, wie sie dem Papier zugrunde gelegt worden sind, bewertet. Die Urteile blieben vielmehr im Klischee von gegeneinander gerichteten Machtinteressen rivalisierender Systeme befangen."

Das gilt bis jetzt. Noch in diesem Sommer hat Tilman Fichter, früher ein Kopf des Sozialistischen Studentenbundes, der SPD allen Ernstes indirekt vorgeworfen, daß sie weiland „das Leben der Freiheit" vorgezogen und über rein etatistischer Gleichgewichtspolitik die Bürgerrechtler nicht nur in der DDR hintangestellt habe. Daß es da Defizite gab, steht nun auch in der neuen SPD-Erklärung. Freilich haben Hans-Jochen Vogel, Erhard Eppler, Jürgen Schmude, Gert Weisskirchen und viele andere zahlreiche Kontakte auch zu den Kirchen und den Bürgerrechtlern unterhalten. Von daher wird ihnen aber auch noch eine spezifische Schwierigkeit in Erinnerung sein, nämlich jene verständliche, aber nicht hilfreiche Mentalität bei vielen Dissidenten, die selbst ein so kluger Kopf wie Jens Reich noch dieser Tage in die verächtliche Wendung von den „Samtpfoten um der lieben Entspannung willen" gefaßt hat.

Demgegenüber weist die SPD in ihrer Erklärung mit vollem Recht darauf hin, daß bis zuletzt die politische Kooperation mit dem SED-Regime das einzige Mittel gewesen sei, um Fortschritte zu erreichen und nicht

die Tendenz zu forcieren, den letzten Ausweg in Selbstisolation und Gewalt zu suchen. Manche Abschnitte lesen sich jedoch so, als sei es statt um Wandel doch um die völlige Abschaffung des DDR-Regimes gegangen, auch mit Hilfe des gemeinsamen Papiers. Am deutlichsten wird diese nacheilende Anpassung in dem Satz, die Grundwertekommission der SPD habe „in den 80er Jahren die SED ernster genommen, als sie, von heute aus gesehen, zu nehmen war". Was für ein Tritt gegen die einstigen Diskussionspartner, die so ernsthaft bei der ehemals gemeinsamen Sache waren!
Glücklicherweise ändert das nichts an dem objektiven Wert des alten Papiers. Es ist ein Beispiel dafür, wie Grundkonflikte zwischen zwei mächtigen antagonistischen Systemen, wenn nicht gelöst, so doch gemildert werden können. Und die großen Menschheitsaufgaben bleiben sowieso. Nein, zu Scham, Opportunismus und Selbstrechtfertigung gab und gibt es keinerlei Anlaß. Für die Geistesgeschichte des Ost-West-Konflikts wird das gemeinsame Papier ein Meilenstein sein.

Süddeutsche Zeitung, 4. Juli 1992

Panik nach dem Brückenschlag

Herbert Riehl-Heyse

Warum nur will sich niemand mehr erinnern an den riskanten Dialog zwischen SPD und SED vor fünf Jahren?

I.

Die Stille zu diesem Thema ist schon fast unüberhörbar, und wenn sie doch jemand unterbricht, dann sind es die Linken, die ja immer Stoff brauchen, um sich ein wenig zu bekämpfen. Neulich hat Tilman Fichter in der *Neuen Gesellschaft* der SPD vorgeworfen, sie habe *damals* „das Leben der Freiheit vorgezogen"; Johano Strasser, der damit auch gemeint war, hat einigermaßen konsterniert mit der Frage gekontert, ob man vielleicht zur gewaltsamen Befreiung des Ostens hätte aufrufen und den Atomkrieg riskieren sollen. Ansonsten kaum Anklagen, nur ein paar kleinere Rechtfertigungsartikel (Eppler) zum berühmtem Dialog- und Streitpapier von SPD und SED aus dem Jahre 1987 – und das verwundert schon ein wenig angesichts der Tatsache, daß es ansonsten jedem ehemaligen Kirchenrat und jeder besseren Eiskunstläuferin der DDR vorgehalten wird, wenn sie sich einmal zu oft oder zu freundlich mit einem Funktionär von SED oder, das wäre natürlich noch besser, der Staatssicherheit getroffen haben. Vielleicht interessiert sich ja auch deshalb keiner so recht für jene Gespräche zwischen deutschen Sozialdemokraten und deutschen Kommunisten, weil die ziemlich offen stattfanden und also heute nichts enthüllt werden kann.

Dabei geht es, bei allen Unterschieden, doch häufig um das gleiche, wenn von den völlig objektiven Schiedsrichtern die jüngste Vergangenheit bewertet wird: um die Frage, wie erlaubt es war, sich in der zweigeteilten Welt einzurichten; wie moralisch es war, sich zu den Kommunisten an einen Tisch zu setzen; wie dumm es war (mit Henry Kissinger zum Beispiel), zu glauben, daß „sich die kommunistische Herausforderung nie ändern wird". Was die richtige Beantwortung all dieser Fragen angeht, so hat auch die SPD keinen Anlaß, sich in die Brust zu werfen. Sie sollte aber auch nicht in Sack und Asche gehen, schon weil das der Wahrheitsfindung nicht zuträglich ist: Im Falle jenes Dialogpapiers wäre es vor allem interessant, ob und in welche Richtung (und wie geplant) es womöglich den Zeitpunkt beeinflußt hat, an dem sich die kommunistische Herausforderung fürs erste erledigt hat.

II.

Übrigens ist das Interesse der Öffentlichkeit an jenem Dialog die ganzen Jahre über in Wellenbewegungen durch die beiden Deutschlands geschwappt. Als im Frühjahr 1984 alles anfing zwischen der Grundsatzkommission der SPD und der Akademie für Gesellschaftswissenschaften beim Zentralkomitee der SED, da fiel das den Redaktionen der westdeutschen Zeitungen schon deshalb kaum auf, weil gleichzeitig die Abrüster beider Parteien – Egon Bahr und Hermann Axen zum Beispiel – heftig über jene Vorschläge zu atom- oder chemiewaffenfreien Zonen diskutieren mußten, die sie selber allerdings nicht einrichten konnten. Zum erstenmal ein größeres Echo gab es, als im Winter 1987 ein paar Journalisten unverhofft zu einem solchen Treffen eingeladen wurden in ein Schwarzwälder Hotel. Wir waren jedenfalls schon einigermaßen überrascht über Klima und Inhalt der Gespräche: Es sei die „Ängstlichkeit der SED-Delegation, ihre defensive Argumentation, die am meisten auffällt", stand damals in der *SZ.* Aber auch, daß ein junger Professor namens Rolf Reißig für die SED-Seite aufgetreten sei und in einer bemerkenswerten Rede vom Wettbewerb der Systeme gesprochen habe, bei dem jede Seite „ihre Vorzüge" entwickeln würde und daß in dem Wettbewerb „auch die Frage der Menschenrechte eine Rolle spielen" könne.

Die nächste Phase konnte man dann wieder in allen Zeitungen nachlesen, und wie. Aus den Gesprächen – und nicht zuletzt angeregt durch den Diskussionsbeitrag des Rolf Reißig – war nämlich inzwischen das berühmte Papier geworden, das am 28. August 1987 unter der Überschrift „Der Streit der Ideologien und die gemeinsame Sicherheit“ veröffentlicht wurde. Was den Westen anging, so wurde es zwar nicht von vielen Menschen ganz gelesen – aber da so etwas noch nie eine Polemik über einen Text verhindert hat, stellte sich im Streit der Politiker bald heraus, daß es sich sowieso um ein Dokument des „Wandels durch Anbiederung“ (Volker Rühe) handelte, daß es aber auch in der veröffentlichten Meinung ganz wenig Anklang fand. Genaugenommen war das westdeutsche Presseecho verheerend: „Ein schmachvolles Papier“, schrieb die *Welt;* daß „die Sozialdemokraten aus der Vergangenheit nichts gelernt“ hätten, hielt ihnen der Zeit-Verleger Gerd Bucerius vor; auch die *SZ* fand im Leitartikel das Papier zumindest einen „riskanten Dialog“. Was aber war das Risiko – und für wen war es eines? Die *FAZ* brachte es auf den Punkt: Der Wettbewerb der Systeme, schrieb sie, werde von dem entschieden, der die Regeln bestimmt und das seien schon seit 1946 eben die Kommunisten – ein Gedanke, den die *Welt* zur besseren Verständlichkeit ins Lateinische übersetzte und damit schon beantwortete: *Cui bono?* Dem Kommunismus natürlich nützte es. Zwei Jahre später war der Wettbewerb allerdings völlig anders ausgegangen, als es die kommunistischen Regel-Bestimmer und ihre westdeutschen Interpreten gedacht hatten.

III.

Es mag also vielleicht nützlich sein, heute, im gewaltigen Abstand von beinahe fünf Jahren, mit einigen der damals Beteiligten noch einmal zu reden über den Lauf der Geschichte, und wie boshaft sie manchmal sein kann. Wir dürfen jedenfalls wohl davon ausgehen, daß sich der Leipziger Philosophie-Professor Seidel nichts wirklich Weltumstürzendes gedacht hat, als er eines Tages den evangelischen Christen und Sozialdemokraten Erhard Eppler aus der Bundesrepublik traf und im Laufe eines langen Gesprächs die Idee entstand, es sollten doch auch einmal Gesellschaftswissenschaftler aus beiden Parteien miteinander debattieren. Die Idee leuchtete auf beiden Seiten ein, und wer debattieren sollte, war auch bald klar: Die SPD hatte für solche Zwecke sowieso ihre „Grundsatzkommission“, die SED ihre Akademie für Gesellschaftswissenschaften, die unter ihrem bewährten Rektor Otto Reinhold gewiß nicht anfällig war für westliche Infiltration und schon per definitionem über jeden Verdacht des Sektierertums erhaben war.
Der Anfang ist weiter nicht mehr wichtig. Es stimmt wohl, „daß alles zu Beginn ziemlich verkrampft war“, wie sich das Delegationsmitglied/Ost, Professor Erich Hahn, erinnert; auch wird übereinstimmend berichtet, daß die schärfsten Diskutanten auf westlicher Seite die jüngeren SPD-Leute Thomas Meyer und Johano Strasser waren (Hahn: „ein Polterkopf“), während die aus dem Osten meist froh waren, wenn man ihnen nichts antat. Daß Verbrüderung nicht stattfand, darauf legt Hahn noch heute Wert, die gab es nicht einmal, als man – das war am Berliner Scharmützelsee – einen gemeinsamen Kegelabend veranstaltete und einander „schreckliche Männerwitze“ erzählte, wie Strasser sich schaudernd erinnert. Immerhin kam man langsam ins Gespräch miteinander, auch über den Austausch der alten Parolen hinaus, bis eines Tages – das war nach der Schwarzwälder Rede des Rolf Reißig – Erhard Eppler den Vorschlag machte, „das doch mal aufzuschreiben“. Es setzten sich also zusammen der Ostberliner Professor Rolf Reißig und der Gummersbacher Politologe Thomas Meyer, der „als junger Mann von uns gekommen ist“ (Reißig) und schon deshalb „ein Kritiker der DDR“, aber ein „demokratischer Sozialist“ gewesen sei. Nach acht Sitzungen und vier Entwürfen waren die Unterhändler fertig, dann dauerte es nur noch ein paar Wochen, bis man mit dem Ergebnis an die Öffentlichkeit ging.

IV.

Wir sind inzwischen bei der spannenden Frage, wie man die historische Situation beschreiben muß, in welcher sich die deutschen Sozialdemokraten und Kommunisten um die diversen Tische in deutschen Landschaften versammelt haben und warum beide Seiten dachten, ein gemeinsames Papier wäre nicht schlecht. Was die SPD anging, so war sie natürlich damals in der Opposition, freute sich also über die Gelegenheit, selbst Deutschlandpolitik zu machen und damit in die Schlagzeilen zu kommen. Und außerdem war ein Papier bitter nötig, sonst wäre, sagt Strasser, „das Ganze ins Unverbindliche abgeglitten".

Erich Honecker wiederum, sagen Reißig und Hahn, hatte gewiß „wirklich Angst vor der Überrüstung" und wollte gegen Ende seines politischen Lebens als jemand „in die Geschichte eingehen, der etwas für den Frieden getan hat" (Hahn). Es kam aber vor allem hinzu, daß man auf DDR-Seite durch das Papier so etwas wie „eine Legitimität nach außen und innen" (Reißig) demonstrieren wollte, nicht zuletzt wegen der Politik Gorbatschows, der man auch irgendetwas Entspannendes entgegensetzen wollte. In diesem Kalkül kam nun die einstmals so verhaßte SPD mit ihrer Ostpolitik ausgesprochen recht – was die SED zu einer Rechnung im Dreisatz bewog, die wegen diverser Fehleinschätzungen aller Beteiligter zu einem ganz unerwarteten Ergebnis führte. Und so ging der Dreisatz: 1. Die großen Politiker der SPD – von Willy Brandt über Helmut Schmidt bis Egon Bahr – hielten es fast bis zum Ende für lebensgefährlich, die DDR zu „destabilisieren" (was soweit ging, daß Leute wie Johano Strasser oder Günther Grass Willy Brandt richtig ins Gewissen reden mußten, er solle nicht nur mit den Regierenden, sondern auch mit den Dissidenten reden). 2. Die SED faßte deshalb Zutrauen zur SPD, bis hin zur Verfertigung eines gemeinsamen Papiers. 3. Das so entstandene Papier hat dann stark beigetragen zur Destabilisierung der DDR.

V.

Man darf schon sagen, daß die Entwicklung alle Beteiligten überrascht hat – und noch mehr die Unbeteiligten. Hier im Westen hatten ja wenige Beobachter so richtig gesehen, was *auch* in diesem Papier stand, außer den in den Zeitungen so angefeindeten Floskeln, die an ein, zwei Stellen in der Tat ein bißchen sehr nach Friede, Freude und einem Eierkuchen aus Standardware der Handelsklasse C klangen. So fiel hier nicht weiter auf, daß daneben und vor allem auch Sätze formuliert waren, die bis dahin deutsche Kommunisten in einem offiziellen Dokument noch nicht unterschrieben hatten: Daß der verhaßte Imperialismus „friedensfähig" sei, war da plötzlich festgehalten, daß beide Systeme „reformfähig" (also auch reformbedürftig) seien, daß beide voneinander lernen könnten, obwohl doch noch vor kurzem die einzige Partei der Arbeiterklasse die Wahrheit für sich gepachtet hatte. Das Sensationellste aber war jene Passage in Abteilung V. Ziffer 6, in der über den Dialog zwischen den Systemen hinaus der innere Dialog gefordert wurde: „Die offene Diskussion über den Wettbewerb der Systeme", so unterschrieben es die Kommunisten, „über ihre Erfolge und Mißerfolge, Vorzüge und Nachteile muß innerhalb jedes Systems möglich sein. Wirklicher Wettbewerb setzt sogar voraus, daß diese Diskussion gefördert wird." Was da stand, war nichts Geringeres als eine Magna Charta der Meinungsfreiheit in der DDR – und abgedruckt war sie im *Neuen Deutschland.*

Zwei Fragen vor allem werden die Historiker noch aufzuklären haben, wenn sie einmal ihre Bücher schreiben über das Papier: Wie konnte der SED so etwas überhaupt unterlaufen? Und was ist danach passiert? Wer heute mit ein paar Beteiligten spricht, bekommt naturgemäß nur vorläufige Antworten, aber ganz schlüssige: Eine davon ist, daß man sich die DDR in ihren letzten Jahren ziemlich chaotisch vorstellen muß, keineswegs so durchorganisiert, wie wir das hier immer dachten. Als damals in Freudenstadt der Professor Reißig sein Referat hielt, dessen Außergewöhnlichkeit Erhard Eppler sofort auffiel – da „hatte ich das vorher niemand gezeigt" (Reißig), und daß er es nicht getan hat, wurde ihm auch von niemand vorgehalten. Und so ging es weiter die ganze Zeit: Als Reißig mit Meyer über dem Papier brütete, gingen die Entwürfe an die zuständige Abteilung beim ZK, die dachte, das werde dann schon seine Ordnung haben. Erich Honecker bekam dafür hin und wieder schriftliche Vermerke von Otto Reinhold, aus denen hervorging, „wie klasse unsere Argumente ankommen" (Reißig). Als das Dokument dann fertig war, wurde es von Honecker im Urlaub abgesegnet, was dazu führte, daß im Politbüro darüber nicht mehr diskutiert wurde, außer kurz vom Genossen Neumann, der den oberhirtlichen Segen nicht mitbekommen hatte. Die paar Vorbehalte – aus der Parteihochschule, auch der Akademie – wurden hinter vorgehaltener Hand artikuliert.

VI.

Jetzt begann nämlich erst einmal das Papier eine gewaltige Eigendynamik zu entwickeln – bei seinen östlichen Lesern wie bei den östlichen Fernsehzuschauern, die zu ihrer großen Verblüffung erleben durften, wie die Sozialdemokraten Eppler und Meyer auf einer SED-eigenen Mattscheibe Kommunisten in Verlegenheit bringen durften. Nicht so sehr bei den Dissidenten entstand übrigens diese große Wirkung: Da gab es Kritiker wie Ludwig Melhorn, die fanden, die SPD habe sich zu sehr mit den Funktionären eingelassen und zu wenig mit der Opposition (was für manche Altvorderen der Partei stimmte, aber nicht für viele Jüngere und nicht für einige Mitglieder der Grundsatzkommission, die in Dissidentenkreisen aus- und eingingen). Demgegenüber stand die große Mehrheit der Opposition, die das Papier, wie sich nicht nur Ulrike Poppe erinnert, sehr positiv aufnahm, es auch sofort unter die Leute brachte, „wenn wir auch zunehmend dachten, daß wir eigentlich diese Legitimationsgrundlage doch gar nicht brauchen" (Poppe).

Wirklich eine Lawine ausgelöst hat das Papier aber in der kommunistischen Partei, deren Basis schließlich nicht blind war und die nun alle Hoffnung setzte auf den offiziell ausgerufenen inneren Dialog. In der SED, erinnert sich Reißig, gab es noch einmal Diskussionen, wie es sie seit 1968 nicht mehr gegeben hatte. Jedes Mitglied der Verhandlungsdelegation habe „acht bis zehn Einladungen pro Tag bekommen": von den Unterorganisationen der Partei, von Lehrern, Künstlern, Universitäten, von der Armee. Plötzlich war da so etwas wie die Hoffnung auf eine DDR-eigene Perestroika, ein letzter Versuch, „die Lethargie noch einmal zu überwinden, so wie ich das schon gar nicht mehr erwartet hatte" (Reißig). Als das Imperium endlich mitbekam, was da ablief, und zurückzuschlagen versuchte, waren ihm schon die Truppen davongelaufen.

Die Intelligenteren unter den Betonköpfen hatten an sich sehr schnell gespürt, worauf man sich da eingelassen hatte: Margot Honecker bremste heftig, der Chefideologe Kurt Hager schrieb schon im Oktober 1987 im *Neuen Deutschland* einen distanzierten Artikel zum Papier. Anfang 1988 – Reißig hatte gerade der *Berliner Zeitung* ein aufsehenerregendes Interview gegeben – wurden Reinhold und Reißig einbestellt von Hager, „wobei er mich eineinhalb Stunden lang fertiggemacht hat" (Reißig). Nicht fertig genug, wie sich zeigte, weil die Reformer weitermachten: in Diskussionen, Referaten, Interviews. Wie tief sich der Bazillus schon eingefressen hatte in die eigene Partei, merkte ganz schnell die Stasi (die natürlich dabei war, als am 11. April 1988 in der Samaritergemeinde mit Jürgen Schmude über das Papier geredet wurde) und die als Fazit des Abends nach oben meldete, in der SPD-Spitze herrsche „Staunen darüber, daß sich die Regierung der DDR und die SED-Spitze auf ein solches Papier eingelassen" haben. Anschließend merkte es dann auch die westdeutsche Presse, so daß verblüffenderweise im Dezember 1987 die *Welt* meldete, die SED sei „unter Druck durch SPD-Papier". Und endlich merkte es sogar Erich Honecker: Der Generalsekretär sei „verrückt geworden vor Wut" meldete Hermann Axen dem Otto Reinhold, als im Frühjahr 1989 Rolf Reißig ein reformerisches Referat im Aspen-Institut gehalten hatte, von dem der *Tagesspiegel* schrieb, das sei nun der Tenor der SED-Politik. Dabei hatte die SED schon gar keine Politik mehr.

VII.

Längst war da die Luft zwischen SPD und SED wieder eisenhaltig geworden, weil sich zeigte, daß die kommunistische Pateispitze – „panikartig", wie Manfred Uschner schreibt, ein ehemals hoher SED-Funktionär – mit aller Macht den Geist wieder in die Flasche zurückstopfen wollte, den ihre Akademiker herausgelassen hatten: Erst durfte das Papier nicht, wie geplant im Dietz-Verlag als Buch erscheinen, dann wurde die Umweltbibliothek der Zionskirche nach all dem Diskussionsmaterial durchfilzt, das zu fördern man sich doch verpflichtet hatte, dann mußte Otto Reinhold die von der SPD artikulierte Enttäuschung „über den Umgang der SED mit dem Papier" in einem ND-Interview zurückweisen. Als im September 1989 eine SPD-Delegation, die mit der SED-Führung, aber eben auch mit oppositionellen Gruppen zusammentreffen wollte, von einem Tag auf den anderen ausgeladen wurde wegen „Einmischung und Konfrontation", da hieß es in westdeutschen Kommentaren, die SPD-Politik sei gescheitert. Gescheitert war aber ein paar Wochen später die SED, die mit ihren eigenen Versprechungen nicht zurechtgekommen war, weil sie eben in Wahrheit schon lange nicht mehr die Spielregeln bestimmen konnte. Es war wirklich ein riskanter Dialog gewesen, auf den sie sich da eingelassen hatte. Zu riskant für die SED.

VIII.

Es war dann ja alles schnell zu Ende – und natürlich wird man lange darüber diskutieren können, warum der Einsturz der DDR so glimpflich abging und was die SPD damit zu tun hat. Soviel Grund hat die natürlich gar nicht, sich pausenlos auf die Schulter zu klopfen, denn unübersehbar war ja, daß die etablierten Groß-Sozialdemokraten bis kurz vor Schluß nicht aus ihrer Haut heraus konnten, weshalb zum Beispiel Hans-Jochen Vogel noch Mitte September 1989 davor warnte, die Gründung einer SPD in der DDR „in diesem Augenblick" zu unterstützen (man durfte um Gottes willen nichts machen, was möglicherweise hätte destabilisieren können). Andererseits war ohnehin nichts mehr stabil; und da mochte es schon sein, daß die letzten Jahre der Diskussion das zivilisierte Zusammenbrechen sehr erleichtert hatten. Daß „die chinesische Lösung in der SED nicht mehr ernsthaft erwogen werden konnte", meint Johano Strasser, habe eben auch mit den Debatten in der Partei zu tun gehabt. Und damit, daß die Gespräche zuvor den SED-Reformern erlaubt hätten, „für sich eine Zukunft zu sehen".

Die Zukunft ist inzwischen Gegenwart und bekanntlich nicht so furchtbar fröhlich. Könnte das auch mit der Tatsache zusammenhängen, daß sich nun niemand mehr erinnern will im vereinigten Deutschland an die Irrtümer, Hoffnungen und Anstrengungen jener grauen Vorzeit, die gerade ein paar Jahre vorbei ist? Die Damen und Herren zum Beispiel, die damals als Mitglieder zweier Kommissionen ein wenig Geschichte gemacht haben, haben offenbar inzwischen nichts mehr miteinander zu reden. Den Otto Reinhold habe er kürzlich Unter den Linden getroffen, sagt Erich Hahn, aber was der jetzt mache, wisse er eigentlich nicht; selber ist Erich Hahn natürlich Frührentner, in welcher Eigenschaft er kürzlich einen Brief an Erhard Eppler geschrieben hat. Rolf Reißig immerhin ist, nach Auflösung der Akademie für Gesellschaftswissenschaften, inzwischen Leiter eines zunehmend erfolgreichen Instituts für Sozialforschung, mit dem er den Transformationsprozeß zwischen der alten und der neuen Zeit „wissenschaftlich begleiten" will. In seinem Institut arbeitet man gerade an einer Studie über Geschichte und Konsequenzen des SPD/SED-Papiers.

Biographische Hinweise

Prof. Dr. Lothar Bisky
Medienwissenschaftler. 1967-1980 Zentralinstitut für Jugendforschung Leipzig. 1980-1986 Akademie für Gesellschaftswissenschaften. Ab 1986 Ordentlicher Professor und Rektor an der Hochschule für Film- und Fernsehwesen Babelsberg (Arbeitsverhältnis ruht). Mitglied und Fraktionsvorsitzender der PDS im Brandenburgischen Landtag (seit 1990). Bundesvorsitzender der PDS (seit Januar 1993). Verfasser mehrerer Bücher zur Massenkommunikationsforschung.

Dr. Erhard Eppler
1961-1976 Mitglied des Bundestages. 1968-1974 Bundesminister für wirtschaftliche Zusammenarbeit. 1973-1981 Landesvorsitzender der SPD in Baden-Württemberg. Langjähriges Mitglied von Vorstand und Präsidium der SPD. 1981-1983 und 1989-1991 Präsident des Deutschen Evangelischen Kirchentags. Als Vorsitzender der Grundwertekommission maßgeblich am Zustandekommen des Papiers „Der Streit der Ideologien und die gemeinsame Sicherheit" mit der Akademie für Gesellschaftswissenschaften beim ZK der SED beteiligt. Autor mehrerer Bücher.

Steffen Reiche
Theologe. Tischler. Gründungsmitglied der SDP am 7. Oktober 1989 in Schwante. Vorstandsmitglied. Seit Mai 1990 Landesvorsitzender der SPD in Brandenburg. Mitglied des Landtages und des Fraktionsvorstandes der SPD. Seit Oktober 1994 Minister für Wissenschaft, Forschung und Kultur in Brandenburg. Nahm in den Wendetagen aus dem SPD-Parteivorstand in Bonn einen großen Stapel des „Streit-Papiers" mit in die Noch-DDR.

Prof. Dr. Rolf Reißig
Sozialwissenschaftler. 1964 bis 1978 tätig an der Universität Leipzig. Danach bis 1989 Akademie für Gesellschaftswissenschaften, maßgeblicher Mitautor des SED/SPD-Papiers. Anfang 1990 Gründung des unabhängigen und gemeinnützigen „BISS e.V. Brandenburg-Berliner Institut für Sozialwissenschaftliche Studien". Autor mehrerer Bücher zum Umbruch in der DDR und zu den Transformationsprozessen in Ostdeutschland.

Rolf Schneider
Schriftsteller. Aus dem Schriftstellerverband der DDR 1979 ausgeschlossen. Danach als DDR-Bürger in der Bundesrepublik lebend. Heute wohnhaft in Schöneiche bei Berlin. Er verfaßte einen „Spiegel"-Essay. in dem er das „Streit-Papier" als Magna Charta einer möglichen Perestroika in der DDR bezeichnete.

Dr. Manfred Uschner
Politologe und Publizist. 1984-1989 als leitender Mitarbeiter des ZK der SED Mitglied der Gemeinsamen Abrüstungspolitischen Arbeitsgruppe SED/SPD. Geschäftsführer des Kautsky-Bernstein-Kreises e.V.

Prof. Gert Weisskirchen
Mitglied des Bundestages seit 1976 (SPD). Fachhochschulprofessor. 1990/91 Gastdozent an der Berliner Humboldt-Universität. Mitglied der Enquetekommission des Deutschen Bundestages zur „Aufarbeitung von Geschichte und Folgen der SED-Diktatur in Deutschland". Unterhielt enge Arbeitskontakte zu kirchlichen Oppositionsgruppen in der DDR. Trat im Herbst 1989 für die Ablösung der Devise „Wandel durch Annäherung" durch „Wandel durch Auflehnung" ein.

Peter Merseburger
Fernsehjournalist. Publizist und Buchautor.